Mosaik bei
GOLDMANN

Buch

Kreative und gesunde Gerichte müssen nicht teuer sein! Den Beweis liefern 84 Spitzenköche mit 90 Rezepten für Vorspeisen, Suppen, Hauptspeisen, Vegetarisches und Dessert. Den Kochlöffel schwingen unter anderem Harald Wohlfahrt, Dieter Müller, Johann Lafer, Sarah Wiener und Ralf Zacherl. Ihre Kreationen sind wahre Geschmackserlebnisse, ob man es nun bodenständig, klassisch oder innovativ mag. Der Clou daran: die Zutaten für ein Gericht schonen mit dem Richtwert von fünf Euro den Geldbeutel. Helfer und Bewohner von Mainzer Obdachloseneinrichtungen haben ebenfalls Rezepte beigesteuert, und pro verkauftem Buch geht ein Euro an die Herausgeber »Armut und Gesundheit in Deutschland e.V.« und »Verein neunerHAUS«.

Ab sofort schließen sich Sterneküche und knappes Budget, Genuss und soziales Engagement nicht mehr aus!

Herausgeber

Der Verein »Armut und Gesundheit in Deutschland e.V.« setzt sich mit verschiedenen Gesundheitsprojekten wie zum Beispiel einer mobilen Arztpraxis für eine bessere medizinische Versorgung sozial benachteiligter Menschen ein.

www.armut-gesundheit.de

Der Kooperationspartner »Verein neunerHAUS« in Wien hatte die Idee zum Buch – »Haubenküche zum Beisl-Preis« wurde in Österreich zum Bestseller. Der Verein hilft wohnungs- und obdachlosen Menschen, ein Dach über dem Kopf, gesundheitliche Versorgung und Bildung zu erhalten.

www.neunerhaus.at

STERNE KÜCHE

REZEPTE FÜR FÜNF EURO
Von Deutschlands besten Köchinnen und Köchen

Mosaik bei
GOLDMANN

Die Ratschläge in diesem Buch wurden von den Herausgebern und vom Verlag sorgfältig erwogen und geprüft, dennoch kann eine Garantie nicht übernommen werden. Eine Haftung der Herausgeber bzw. des Verlags und seiner Beauftragten für Personen-, Sach- und Vermögensschäden ist ausgeschlossen.

FSC
Mix
Produktgruppe aus vorbildlich
bewirtschafteten Wäldern und
anderen kontrollierten Herkünften

Zert.-Nr. SGS-COC-1940
www.fsc.org
© 1996 Forest Stewardship Council

Verlagsgruppe Random House FSC-DEU-0100
Das für dieses Buch verwendete FSC-zertifizierte Papier *Munken Print*
liefert Arctic Paper Munkedals AB, Schweden.

1. Auflage
Vollständige Taschenbuchausgabe Februar 2010
Wilhelm Goldmann Verlag, München,
in der Verlagsgruppe Random House GmbH
© 2006 Hubert Krenn VerlagsgesmbH, Wien
Herausgeber: Verein Armut und Gesundheit, Barbarossastr. 4, 55118 Mainz
Tel.: +49-6131-6279071, Fax: +49-6131-6279182, www.armut-gesundheit.de
In Kooperation mit Verein neunerHAUS,
Stumpergasse 60, 1060 Wien, www.neunerhaus.at
Idee: Gabi Weiss, Wien; Verein neunerHAUS, Wien – Markus Reiter/Michael Walk
Organisation: Hanna Esezobor, Michael Walk – Verein neunerHAUS, Wien;
Gerhard Trabert/Anita Zimmermann, Mainz
Umschlaggestaltung: Uno Werbeagentur, München
Umschlagmotiv: © Nicole D. Käser, Schweiz
Illustrationen: Nicole D. Käser, Schweiz
Fotos: Christian Tschira, Mainz
Text: Gabi Weiss, Wien
Fachliche Beratung: Helmut Deutsch, Wien
Lektorat: Anke Weber, Wien/Inge Krenn, Wien
Satz: Barbara Rabus
Druck und Bindung: GGP Media GmbH, Pößneck
MV · Herstellung: IH
Printed in Germany
ISBN 978-3-442-17117-0

www.mosaik-goldmann.de

INHALT

13 Vorwort

17 Porträt

23 Geschichten

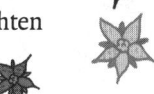

VORSPEISEN

36 Geschmelzte Bauern-Käseknödel auf Spargelvinaigrette und rohem Schinken
   TOBIAS EISELE

39 Blumenkohlravioli mit geräuchertem Heilbutt und Kerbelfond
   HOLGER BODENDORF

42 Salziger Blechkuchen mit Spinat und Ringsalami
   THILO BISCHOFF

44 Bergisches Carpaccio vom Eisbein in Graupenvinaigrette
   CHRISTOPHER WILBRAND

47 Gebackenes Ei vom Landhuhn mit Rucola-Risotto
   NILS HENKEL

50 Feldsalat mit glacierter Kalbsleber und Himbeer-Vinaigrette
   FRANZ FECKL

53 Kartoffelterrine mit Steinbeißer
   KARL WANNEMACHER

56 Gemüse-Omelett
   THOMAS KAMMEIER

58 Gnocchi in Salbei
   WOLFGANG STAUDENMAIER

60 In Olivenbrot gebackenes Landei mit Artischockenbarigoule und Polenta
   MICHAEL FELL

Inhalt

63 Marinierte Sardinen mit Gurkengelee, Salat und Borretsch
FABIAN FELDMANN

66 Oberndorfer Maultaschen
WOLFGANG RAUB

69 Parmesan-Salbei-Gnocchi mit Strauchtomaten und Chorizo
ULRIKE STOEBE

72 Panzanella (toskanischer Weißbrotsalat)
ROBERTO CARTURAN

74 Räucherforellen-Mousseline (Parfait)
HERMANN LAUDENSACK

77 Tafelspitzsalat mit Ahrtaler Kräutersauce
HANS STEFAN STEINHEUER

80 Spreewälder Kräuterquark
OLIVER HEILMEYER

82 Weißes Tomatenmousse in der Strauchtomate mit grünem Spargelsalat
SVEN ELVERFELD

85 Wan Tan mit Pfifferlingen und Ziegenkäse
SARAH WIENER

88 Leicht gepökelte Zunge vom Landschwein auf lauwarmer Gemüsevinaigrette
GUNTER EHINGER

SUPPEN

94 Brunnenkressesuppe mit Lachsscheibe
MARTIN HERRMANN

97 Cappuccino von Blumenkohl, Curry und Kokos
RALF ZACHERL

100 Curry-Lauchsuppe mit Kokosmilch und Jakobsmuscheln
ANDREAS DESCHAMPS

102 Gazpacho vom Reisessig mit warmer Lauchsabayon
JÖRG SACKMANN

105 Scharfe Gemüsesuppe
MARIO KOTASKA

108 Kalte Kartoffel-Lauchcreme mit Liebstöckel und warm geräuchertem Saiblingsfilet
DIETER MÜLLER

111 Sellerieschaumsuppe mit Bratapfel, grünem Apfelsorbet und Kresse
THOMAS KAHL

114 Kirschtomatenmelange
ALEXANDRO PAPE

116 Rahm von Bärlauch mit Lachs
STEPHAN SCHILLING

118 Schaumsuppe von jungen Möhren mit frischem Koriander
HANS HORBERTH

FISCH

122 Mit Majoran sautierte Eglifilets auf Gartenbuschbohnen-Eintopf
JOHANNES WUHRER

125 Kabeljau auf Erbsenpüree mit Westfälischem Schinken und Sauce Bourride
RAFFAELLE CANNIZZARO

129 Gegrillter Kabeljau mit Kartoffel-Knoblauch-Püree
HARALD WOHLFAHRT

132 Roulade von der Lachsforelle auf jungem Stielmusschaum
JENS BOMKE

135 Poëliertes Lachsforellenfilet mit Kartoffel-Lauchmousseline
ROLAND BEHRENS

138 Gebratenes Makrelenfilet mit Kirschen und Pfifferlingen
THOMAS BALENSIEFER

Inhalt

141 Strudel von Saibling und Renke
MARKUS BISCHOFF

144 Schwarzwurzelsalat mit würzigem Öl und mit Rosmarin gespicktem Fisch
THOMAS KRAUS

FLEISCHLOS

148 Aubergine mit Thymian in Parmesan-Ei-Hülle gebraten, auf geschmorten Tomaten mit Basilikum
DETLEF SCHLEGEL

151 Bohnen mit Tomatenkernen
ANDREE KÖTHE

154 Grünkern-Risotto mit Waldpilzen und Blattpetersilie
JÖRG STEINBACH

156 Lasagne von Aubergine und Zucchini mit einer Basilikum-Ricottacreme
MATTHIAS BUCHHOLZ

159 Polenta-Törtchen auf griechischem Gemüse mit Pimento-Sauce
CHRISTIAN SCHARRER

162 Nudeln in Kürbiskernpesto mit getrockneten Tomaten
FRANZ HÜTTER

164 Ravioli »Noci«
MARIO GAMBA

167 Spaghetti mit provenzalischem Gemüse und geriebenem Käse
JOSEF HUBERTUS

170 Gebratene Schwarzwurzeln mit Grapefruits und Ingwer
JENS DANNENFELD

172 Tonnarelli mit Shiitake und Gartengurken
ARMIN KARRER

FLEISCH

176 Blutwurströsti mit roter Zwiebelmarmelade
HERBERT JUNGBLUTH

178 Saure Bohnen zum Stallhasen
ROLF STRAUBINGER

181 Geschmorte Kalbsbäckchen mit Spitzkohl und Stampfkartoffeln
DIETER KAUFMANN

184 Hamburger Labskaus
KARLHEINZ HAUSER

186 Gebackener Kalbskopf mit sauren Steinpilzrädle
OLAF PRUCKNER

189 Kalbsleberroulade mit Kartoffel-Apfelpüree gefüllt, in Schalottensauce mit knusprigen Zwiebeln
BERNHARD DIERS

192 Saure Kalbskutteln in Trollingersauce mit Brägele
HENRY OSKAR FRIED

194 Kaninchenfrikadelle auf Bohnensalat
RAINER HENSEN

197 Kaninchenleberwurst aus dem Bohnenkrautsud
ALBERT BAUR

200 Kartoffelblinis mit Rahmchampignons und Speck
GUNNAR HINZ

Inhalt

203 »Kaskrainer« in Ciabatta gebraten
HANS HAAS

206 Kutteln in Riesling
GUTBERT FALLERT

208 Kürbisquiche mit Kräutern
JOHANN LAFER

211 Lammrücken aus dem Rotweinfond auf Brunnenkresse-Risotto
JOACHIM HESS

214 Mit exotischen Gewürzen geschmorte Maishähnchenkeule auf gebratenen Kräuterkartoffeln
MARTIN GÖSCHEL

217 Mediterraner Makkaroni-Auflauf mit Champignons
CHRISTIAN HENZE

220 Pfannkuchen mit Spitzkohl, Karotte und Bauchspeck
JÖRG BEHREND

222 Poulardenbrustspieße mit Sesam und Anispflaumen auf Chicoréespitzen
THOMAS BÜHNER

224 Puten-Curry auf Couscous mit exotischem Gemüse
JOSEF HUBERTUS

227 Rehcrépinette an glacierten Schalottenzwiebeln mit schwarzen Nüssen und zweierlei Wacholdersaucen
MARCELLO FABBRI

230 Saumagen-Soufflé mit Weinkraut, glaciertem Apfel und Backpflaumen
JÖRG GLAUBEN

233 Gefüllte Schweinsroulade im Schinkenmantel
FRIEDRICH EICKHOFF

236 Spaghetti Bolognese
CHRISTIAN LOHSE

239 Speckknödel mit Karotten-Sellerie-Gemüse
VINCENT KLINK

242 Wokgemüse mit Putenbrust
CLEMENS BAADER

DESSERTS

246 Apfelschlupfer
DIETER LUTHER

248 Armer Ritter
GISELA KREUS

250 Duftiger Bratapfel nach »Oma Luise«
BURKHARD SCHORK

252 Clafoutis
THOMAS BÜHNER

254 Crème-brûlée-Variationen
MARIO LOHNINGER

256 Soufflierter Apfel mit lauwarmem Apfelragout
KARL EDERER

259 Dampfnudeln mit Vanillesauce
LOTHAR EIERMANN

262 Drambuiecreme mit Himbeeren
KARL WANNEMACHER

265 Gratin von Erdbeeren mit Erdbeereis
BERNHARD DIERS

268 Heidelbeersoufflé
DIETER KAUFMANN

270 Karamellisierte Gewürzgrießnocken mit Zwetschgenröster
BERND BACHOFER

273 Mandel-Panna-Cotta mit Pfeffereis und Ragout von Zitrusfrüchten
DIETER GRUBERT

Inhalt

276 Panna Cotta auf Erdbeeren
GRECO CARMELOS

278 Pfirsich in der Folie mit Portweinsabayon und Himbeeren
ANDREAS KROLIK

281 Reisauflauf mit Apfelkompott
VINCENT KLINK

284 Warmer Schwarzbrotpudding auf Carpaccio von Blutorangen
KARL-EMIL KUNTZ

287 Zweierlei von Topfen und Rhabarber
ULRICH HELDMANN

290 Die Sterne-Köchinnen und Sterne-Köche

299 Dankeschön!

301 Verwendete Abkürzungen

301 Glossar

303 Wichtige Adressen

310 Rezeptregister

VORWORT

Essen verbindet

Was verbindet arme und reiche Menschen, was verbindet alle Menschen? Es ist zum Beispiel das Bedürfnis, den Hunger zu stillen. Zudem ist die Nahrungsaufnahme auch etwas, was Menschen, Familien und ethnische Gruppen zusammenbringt: Essen ist ein gemeinschaftliches Erlebnis. Man isst, man redet, man lacht gemeinsam. Und dies alles grenz-, kultur- und religionsüberschreitend.

Die finanziellen Ressourcen für die Gestaltung der Essensaufnahme sind allerdings unterschiedlich verteilt. Wir kennen die Bilder von hungernden Menschen in Osteuropa, in Afrika, Asien oder Südamerika. Aber auch in Deutschland, in einem der reichsten Länder der Welt, müssen zahlreiche Menschen viel Kreativität und Energie aufbringen, um sich einigermaßen ausgewogen ernähren zu können. So sieht beispielsweise das Arbeitslosengeld 2 im Rahmen der Hartz-IV-Gesetzgebung ein finanzielles Budget von 7 Euro pro Tag für das Essen einer allein erziehenden Mutter mit ihrem Kind vor. Sich von diesem Betrag gesund und genussvoll zu ernähren ist nicht einfach, wenn es überhaupt möglich ist.

Dieses Kochbuch möchte sensibilisieren und im Besonderen die gemeinsame Freude am Essen unterstützen. Es geht um Verständnis, Gemeinsamkeiten, Solidarität und ein größeres Bewusstsein füreinander. Wir benötigen keine Ellenbogengesellschaft, wir brauchen eine Schulterschlussmentalität. Denn Armut und Reichtum nehmen in unserer Gesellschaft zu. Und die Schere zwischen Arm und Reich geht immer weiter auseinander.

Dieses Buch soll die Freude am Essen fördern. Und zeigen, dass genussvolles Essen nicht immer teuer sein muss, sondern dass Kreativität und Phantasie bei geringeren finanziellen Ressourcen viele gelungene Mahlzeiten ermöglichen können. Menschen, die obdachlos sind, zeigen mit ihren Rezepten, wie sie versuchen, sich mit wenig Geld gesund zu ernähren. Die renommiertesten Köchinnen und Köche Deutschlands haben mit ihren 5-Euro-Rezepten dazu beigetragen, dass dieses Kochbuch entstanden ist. Wir wünschen uns unter anderem, dass das Bewusstsein für die am Rande unserer Gesellschaft lebenden Menschen auch in deren Hotels und Restaurants gestärkt wird. In vielen Städten findet dies in Kooperation mit den so genannten »Tafeln« und anderen karitativen Einrichtungen bereits statt.

Dieses Kochbuch möchte einen Beitrag für ein bewusstes, genussvolles und von gegenseitigem Verständnis geprägtes Essen liefern. Vielleicht mit dem Nebeneffekt, gemeinsam zu überlegen, welche Formen der Unterstützung von sozial benachteiligten Menschen möglich sind, ganz individuell, ohne nach dem Staat zu rufen, von Mensch zu Mensch.

Prof. Dr. Gerhard Trabert

PORTRÄT

Patentrezept

Ein Patentrezept gegen Armut? »Teilen!«, meint Prof. Gerhard Trabert, Gründer des Vereins Armut und Gesundheit in Deutschland. Am besten globales Teilen. Das ist seine Vision. Denn Armut ist nicht auf einen Kontinent fixiert, ist nicht nur in einem Land vorherrschend. Armut ist überall. Und hat viele Gesichter.

In Deutschland sind über zehn Millionen Menschen davon betroffen. Die sichtbare Spitze des Armutseisberges sind Menschen ohne Wohnung. Menschen, die ihre positive Lebenseinstellung und ihr Selbstwertgefühl eingebüßt haben. Menschen, die den Kontakt zum eigenen Empfinden, aber auch die Verantwortung für ihre Gesundheit nach und nach verloren haben. Stattdessen haben Scham und Angst vor Abweisung in ihrem Leben Platz genommen. Gründe, die vorhandene medizinische Versorgung nicht zu nutzen. Dabei bräuchten 90 Prozent der obdach- und wohnungslosen Menschen dringend ärztliche Hilfe, sagt eine Studie der Mainzer Universität. Das Zufriedenheitsparadoxon sagt das Gegenteil: Der Großteil von ihnen nimmt gar nicht wahr, dass sie krank sind. Sie schätzen ihre Lage positiver ein, um überhaupt in ihrer Situation existieren zu können.

Porträt

Prof. Dr. Gerhard Trabert »denkt verkehrt«

Und fordert die Menschen auf, ebenfalls die Richtung ihres Denkens zu ändern: Wenn der Patient nicht zum Arzt kommt, dann kommt der Arzt zum Patienten. Das ist die Grundlage des »Mainzer Modells«, das Gerhard Trabert entwickelt hat. Und das bedeutet in der Praxis: ambulante medizinische Versorgung wohnungsloser Menschen. Ein Angebot mit niedriger Hemmschwelle, das es obdachlosen Menschen leicht macht, die Angst und Scham vor Arzt und Kosten abzulegen. »Ich als Arzt muss mich zu den Menschen hinbewegen«, das ist Gerhard Traberts Einstellung. Er erhielt die erste kassenärztliche Zulassung in Deutschland, als Arzt wohnungslose Menschen zu behandeln. Doch es gab immer noch etliche Menschen, die in keine Wohnungslosenberatungsstelle gehen wollten. Da entstand die Idee eines fahrbaren Sprechzimmers. »Wir brauchen einen geschützten Raum, fahren zu den Menschen hin und können sie sofort behandeln.« Das war die Geburtsstunde des Arztmobils. Und des Vereins Armut und Gesundheit in Deutschland, der Träger der mobilen ärztlichen Einrichtung ist.

»Den Luxus der Autonomie leisten wir uns«, hieß es damals schon, und das hat sich seit der Gründung des Vereins im Jahr 1997 nicht verändert. Genau darin liegt auch seine Stärke: »Wir sind klein und effektiv. Und absolut unabhängig. Das ist mir wichtig. Wir brauchen unsere Ideen nicht mit Gremien abzustimmen. Sondern wir entscheiden, was der richtige Weg ist, stellen die Finanzierung auf die Beine und beginnen zu arbeiten. Wir haben bestimmte Ansprüche, wir stehen für eine bestimmte Qualität, und die lassen wir uns nicht nehmen«, so Trabert.

Dass der Verein wirkungsvolle Wege geht, um auf das Thema Armut und Gesundheit aufmerksam zu machen, ist bewiesen. Die Darstellung des »Mainzer Modells« auf dem internationalen Kongress der EAPN (European Antipoverty Network) im Jahre 2000 in Paris wurde als eine der besten Präsentationen ausgezeichnet. Im WHO-Bericht 2003 wurde das »Mainzer Modell« als einziges deutsches Good-practise-Projekt zum Thema Armut und Gesundheit dargestellt und erhielt viel positive internationale Resonanz. Der Kongress Armut und Gesundheit, von Gerhard Trabert ins Leben gerufen, gehört zum größten europäischen Kongress.

Intensive Öffentlichkeitsarbeit, Vernetzung über Grenzen hinweg und das Erkennen und Nutzen von vorhandenen Strukturen gehören zum Erfolgsrezept des Vereins. Genauso wie die Konzepte, die dort entstehen, wo sie wirken sollen: im Umfeld der Betroffenen.

Dieses Kochbuch hilft!

Dieses Kochbuch unterstreicht die Vision von Prof. Gerhard Trabert: globales Teilen. Denn auch die Idee des Kochbuchs wurde geteilt: Sie entstand im neunerHAUS, einem österreichischen Verein, der obdachlosen Menschen nicht nur ein neues Zuhause gibt, sondern auch Projekte zur Verbesserung der Lebensqualität der Betroffenen wie das neunerCOMPUTING und das Team neunerHAUSARZT betreibt. Dort wurde »Haubenküche zum Beisl-Preis« zum Bestseller. Nun soll die Idee auch in Deutschland Menschen auf den Geschmack bringen, sich für wenig Geld ge-

Mehr über die Projekte des Vereins Armut und Gesundheit in Deutschland wie zum Beispiel:

- das »Mainzer Modell« der medizinischen Versorgung wohnungsloser Menschen,
- das Projekt »Gesundheit jetzt!« – in sozialen Brennpunkten (Zwerchallee, Obdachlosensiedlung),
- das Projekt »Snoezelen – Entspannung gegen Gewalt« (Bestandteil des Projektes »Gesundheit jetzt!«),
- die Benefiz-CD und das Musikvideo mit Côté Jardin »Wo ist der Weg zum Paradies...?«, deutsche Fassung von »Another Day in Paradise« von Phil Collins

finden Sie unter **www.armut-gesundheit.de**

Informationen zum Verein neunerHAUS: **www.neunerhaus.at**

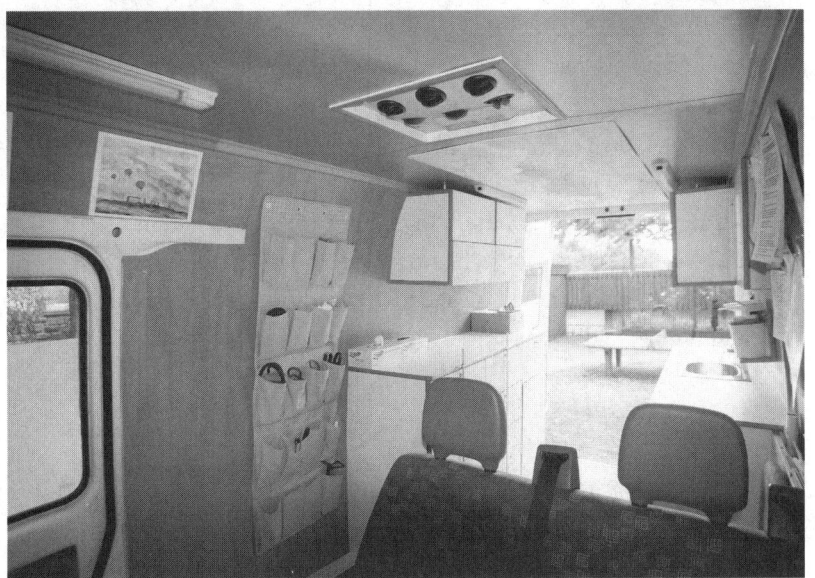

Das Arztmobil-Team besteht aus:

- 2 Ärztinnen
- 4 Ärzten
- 2 Krankenschwestern
- 1 Sozialpädagogin

Armut und Gesundheit in Deutschland e.V.
Barbarossastraße 4, 55118 Mainz
Tel.: 06131-6 27 90 71, Fax: 06131-6 27 91 82
E-Mail: info@armut-gesundheit.de

Spendenkonto:
Mainzer Volksbank, Kontonr.: 1 919 018, BLZ: 551 900 00

sund zu ernähren. »Sterneküche« ist voll von guten Rezepten, die nicht viel mehr als 5 Euro* pro Person kosten und die von Deutschlands besten Köchinnen und Köchen kreiert wurden. Außerdem wird pro verkauftem Buch ein Euro an den Verein Armut und Gesundheit in Deutschland sowie an den Kooperationspartner Verein neunerHAUS gespendet, um die Arbeit gegen Armut und für Gesundheit zu fördern.

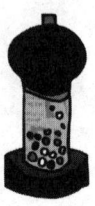

* Wir gehen davon aus, dass Grundnahrungsmittel wie Mehl, Salz, Pfeffer, Öl, Essig, einfache Gewürze (Knoblauch, Kümmel etc.) vorhanden sind und daher nur mit 50 Cent in die Preisberechnung fallen.

GESCHICHTEN

Martin, der Mittelstürmer

Martin hat alle Mittel zu Verfügung, um Kinderherzen zu stürmen. Er ist jung, mitreißend, sportlich und weiß, wie man Kinder und Jugendliche im Alter von 10 bis 21 Jahren für Ernährung und Bewegung begeistert. Wenn Martin in der Runde auftaucht, füllt sich der Platz blitzartig. Fußball ist angesagt, Bewegung steht auf dem Programm, und Abenteuer sind geplant: zelten, Rad fahren, einen Bauernhof erkunden und vieles mehr. Für die Kids heißt das Austoben bis zum Umfallen. Und das tut ihnen gut. Dem Diplom-Pädagogen macht es selber Spaß, mit den Kids der Zwerchallee Pläne zu schmieden und umzusetzen.

Das gemeinsame Kochen steht auf der Hitliste der Kinder ganz weit oben. Die Hauptmotivation ist ganz einfach, den Hunger und Durst nach einem guten Essen zu stillen. Das ist Martin klar. Aber auch das Erfolgserlebnis zählt viel, wenn eine Mahlzeit entsteht, der Tisch für über 15 Kinder gedeckt wird und alle gemeinsam essen. Für andere zu kochen, erfüllt das kleine Kochteam mit Stolz. »Manchmal streiten wir, wer was schneidet«, gesteht der elfjährige Christian. Das Kochen in der Gruppe macht ihm sichtlich Spaß. Auch wenn ihn seine Mutter zuhause noch nicht an den Herd lässt, könnte er für sie schon Hackfleischbällchen »Toskana«, Spaghetti oder Plätzchen zubereiten. Und er wüsste auch schon, worauf er beim Einkaufen schauen müsste. Ein »zermatschter« Salat käme ihm nicht in die Tüte.

Martin geht mit den Kindern und Jugendlichen gemeinsam einkaufen. Erklärt ihnen, worauf sie achten sollen, macht sie mit Gemüsesorten bekannt, die sie nicht kennen, vermittelt ihnen den Wert eines gesunden, vollwertigen Lebensmittels. Und achtet darauf, dass sie keine Fertigprodukte verwenden.

In der Küche läuft Musik. Fröhlichkeit und Unbeschwertheit sind die Zutaten, die den Siedlungsalltag vergessen lassen und das gemeinsame Kochen zu einem entspannten Erlebnis machen. Und zu einem leckeren.

ZWERCHALLEE, Obdachlosensiedlung Mainz, mehr Infos zum Konzept unter www.armut-gesundheit.de

PASTA TRIKOLORE MIT FELDSALAT

Pasta:
- bunte Nudeln
- ¼ l klare Brühe
- 1 Pkg. tiefgefrorene Erbsen
- ½ Becher Schlagsahne
- Salz
- Pfeffer
- 1 Dose Thunfisch (ohne Öl)

Feldsalat:
- 2 EL Weinbrandessig
- 6 EL Sonnenblumenöl
- 2 EL Sahne
- 2 EL Apfelsaft
- 1 TL Senf
- 1 TL Ahornsirup (oder Zucker)
- Pfeffer
- Salz
- 1 Zwiebel
- Salatveredler (Pinienkerne, Kürbiskerne etc.)

1 *Pasta:* Nudeln kochen. Brühe zum Kochen bringen, Erbsen zugeben und bei schwacher Hitze 15 Minuten köcheln lassen. Erbsen mit Brühe pürieren. Sahne zugeben und die Sauce etwas einkochen lassen. Mit Salz und Pfeffer abschmecken. Thunfisch etwas zerpflücken und zusammen mit Nudeln und Sauce servieren. Am besten schmeckt dazu ein frischer Salat.
2 *Feldsalat:* Essig, Öl, Sahne usw. mit dem Schneebesen gut verrühren, damit die Salatsauce eindickt. Danach mit der fein gewürfelten Zwiebel und dem Feldsalat in der Schüssel mischen. Mit Salatveredlern garnieren.

Wolfgang, das Sprachgenie

»Ich bin in der Situation des Nichthabenden, des Nichtbesitzenden. Ich bin mittellos«, sagt Wolfgang. Es fühlt sich für ihn richtig an. Er ist aus der »Lifeshow« ausgestiegen. Seinen Werdegang bezeichnet er als »Womithatmandichgefüllt«, das Rasen durch Bildungswege ist für ihn verpönt, das Leben in einer Vorzeigerolle hält er für Etikettenschwindel. »Manchmal mein ich, der Mensch kommt gar nicht zu dem Bereich, wo es um ihn geht, um sein Leben und nur um sein Leben. Nicht um die Show, die er anderen vorspielt, um zu zeigen, was er erreicht hat.« Wolfgang sieht die Gangart des Menschen als eine innerlich besinnliche und beschauliche. Und hat sich für diese Lebensweise entschieden. »Ja, sind denn die Europäer tatsächlich der Meinung, das Leben – das Kostbarste – würde in irgendeinem Zusammenhang stehen mit Geld, mit Gold, mit Immobilien, mit Porsches, mit Dessous, mit Diamanten? Wenn das die Lebenswerte sind, die den Menschen am und im Leben halten, dann ist das wie Hollywood: No business like showbusiness.«

Wolfgang bemüht sich, den Menschen zu sehen. Dabei soll es keine Schalkheit geben, keine Narretei und keine Irreführung. In diesen Situationen will er wachsam und aufmerksam bleiben. »Ein Mensch darf nicht vergessen, dass ständig sein Herz anwesend ist, seine Seele, sein Gemüt.«

Wolfgang lebt im THADDÄUSHEIM, einer Einrichtung für volljährige, alleinstehende, wohnungslose Männer, An der Goldgrube 13, 55131 Mainz.

BLUMENKOHLAUFLAUF

»Das ist eine Gaumenverwöhnung der feinsten Art. So viele Sterne gibt es gar nicht, wie ich dem geben möchte«, ist Wolfgang überzeugt.

- 1 kleiner Blumenkohl
- 400 g Kartoffeln
- 200 g Sahne
- Pfeffer
- Salz
- Muskatnuss
- 150 g geriebener Käse

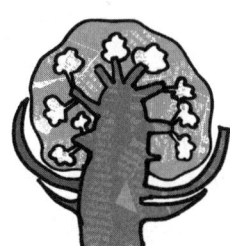

1 Blumenkohl in Röschen zerteilen und in reichlich Salzwasser bissfest garen.
2 Kartoffeln waschen, ebenfalls kochen, dann pellen. Blumenkohl und die in Scheiben geschnittenen Kartoffeln in eine gefettete Auflaufform schichten. Sahne mit Pfeffer, Salz und Muskatnuss würzen und über das Gemüse geben. Käse reiben und aufstreuen, Auflauf im vorgeheizten Backofen bei 180 °C ca. 30 Minuten goldbraun backen.

Dieses Grundrezept für Aufläufe lässt sich nach Belieben verändern und eignet sich sehr gut, um Reste zu verwerten.

Gemeinschaft am Rande der Stadt

Zwietracht und Hoffnungslosigkeit gehören der Vergangenheit an. Gegenseitiges Verantwortungsbewusstsein und Selbstwertgefühl spielen jetzt eine wichtige Rolle. Die Zeiten in der Zwerchallee, der Obdachlosensiedlung am Rande der Stadt, haben sich geändert. Und mit ihnen die Menschen. Das Konzept »Gesundheit jetzt – in sozialen Brennpunkten!« ist aufgegangen. Das Motto heißt »Partizipation« und bedeutet in der Praxis: mitmachen, Anteil nehmen, zusammenhalten.

Christine Schleichert gehört zu jenen Frauen in der Siedlung, die Hoffnung säen. Sie trägt Verantwortung im Kinder- und Jugendtreff, setzt sich mit den Kindern auseinander, bringt ihnen Spiele aus ihrer Kindheit bei und fördert die Phantasie der jungen Menschen. Es hat den Anschein, als würden ihr die Ideen nie ausgehen. Auch Cornelia Kranz gehört zu jenen Menschen, die mit anpacken, wenn sie gebraucht werden. Und die das Leben in der Obdachlosensiedlung zu einem menschenwürdigen Leben mitgestalten. Als Mutter von sechs Kindern ist sie froh über den Freiraum, den ihre Kinder in der kinderreichen Siedlung genießen. »Hier können sie gemeinsam spielen, gemeinsam Zeit verbringen. Die Älteren passen auf die Kleinen auf.« Gegenseitiges Unterstützen ist das beste Mittel gegen den Alltag in der Obdachlosensiedlung.

Unterstützung kommt hier aus den unterschiedlichsten Richtungen. Jeden Mittwoch werden Lebensmittel verteilt, die der Verein »Mainzer Tafel« von den umliegenden Supermärkten organisiert. Auch Kleidung, Bücher und Spiele werden von Menschen aus der Siedlung und auch von außerhalb gespendet. »Da gibt es

keinen Kampf um die Sachen. Im Gegenteil, es wird darauf geachtet, wer was brauchen kann«, erzählt Christine Schleichert.

Jung und Alt treffen in der Siedlung aufeinander, Menschen aus allen Ecken dieser Welt. Vorurteile gibt es keine. Wozu auch. »Wir sind Menschen, wir achten aufeinander, mehr muss man nicht wissen«, freut sich Cornelia Kranz über das Miteinander.

ZWERCHALLEE, Obdachlosensiedlung Mainz, mehr Infos unter www.armut-gesundheit.de

GEMÜSEEINTOPF

von Cornelia Kranz

Für 5 Personen
- 3–4 Kohlrabi
- 500 g frische Brechbohnen
- 1 rote, grüne und gelbe Paprikaschote
- ½ Stange Lauch
- 3–4 kleine Zucchini
- 4–5 mittelgroße Tomaten
- 2 kleine Päckchen Speckwürfel
- 1½ l Gemüsebrühe
- 7–8 mittelgroße Kartoffeln

1 Das Gemüse waschen und schneiden. In einem großen Topf andünsten, die Speckwürfel dazugeben und anschließend die Gemüsebrühe darübergießen. In einem geschlossenen Topf auf mittlerer Stufe 1 Stunde kochen lassen. Die Kartoffeln erst anschließend, geschält und in größere Würfel geschnitten, dazugeben.

2 Alles zusammen dann nochmals 20–25 Minuten im geschlossenen Topf einkochen. Gelegentliches Umrühren nicht vergessen! Guten Appetit!

PIZZA

von Christine Schleichert

Teig:
- 500 g Weizenmehl
- ¼ l Wasser
- ½ Tasse Olivenöl
- Meersalz
- 1 Pkg. Trockenhefe oder 1 Würfel Frischhefe

Belag:
- 4 Paprikaschoten
- 4–5 Tomaten
- 1 Zwiebel
- 400 g Tomatenmark
- je 1 TL Basilikum und Oregano
- 400 g Pilze
- 1 Knoblauchzehe
- 2 EL Olivenöl
- Meersalz
- 250 g geriebener Käse

1 *Teig:* Weizenmehl mit Hefe, Wasser, Öl und Salz zu einem Teig verrühren. Bei Frischhefe eine halbe Stunde gehen lassen. Bei Trockenhefe kann der Teig sofort weiterverarbeitet werden.
2 *Belag:* Gemüse klein schneiden. Knoblauch in Öl andünsten. Tomatenmark, Salz und Gewürze dazugeben. Die Masse auf den ausgerollten Teig streichen und mit Gemüse und Käse belegen. Nach Belieben kann man auch Salami und Schinken verwenden. Im vorgeheizten Backrohr (Umluft 180 °C) 20–25 Minuten backen.

Geschichten

Michael, der Suppenkaspar

Pünktlich jeden Dienstag um 17 Uhr beginnt der Ansturm. Das Klappern der Löffel und Teller übertönt das Knurren der Mägen, mischt sich zusammen zu einem hungrigen Reigen. Die Teestube* füllt sich, die Meute wartet auf Michaels Suppentopf. Michael, ganz Kochkünstler, muss noch ein paar Nudeln hineinmischen, damit es auch wirklich für alle reicht. Seine Suppen kann man mit Messer und Gabel essen. »Ich hab alles hineingeschmissen, was da war. Das ist eine Quer-durch-den-Gemüsegarten-Suppe.« Mehr schon ein Eintopf, bekennt Michael. Bis zu 30 Frauen und Männer – die meisten von ihnen sind obdachlos – werden von Michaels Suppeneintopf satt. Satt-Werden ist für Michael ein wichtiges Kriterium für gutes Essen. »Wir helfen uns gegenseitig, schnipseln gemeinsam. Ich bin der Letzte, der etwas bekommt. Ich lass erst die anderen essen.«

Michael hat hinter der Teestube Tomaten und Paprika angepflanzt. Unerlaubterweise. Unerlaubterweise steht dort auch sein

---

* Teestube: Treffpunkt für Menschen ohne festen Wohnsitz. Dagobertstraße 20a, 55116 Mainz. Öffnungszeiten: Mo.–Sa. 8.30–10.30 Uhr und 17.00–19.00 Uhr, So. 9.00–10.00 Uhr

Zelt, sein Zuhause, das er mit seiner Hündin Ronja teilt. Seit über 20 Jahren ist Michael obdachlos. Das Leben auf der Straße beunruhigt ihn jetzt nicht mehr. »Wenn du das erste Mal auf der Straße landest, musst du dir Menschen suchen, die dir ehrlich sagen, wo es langgeht. Sonst bist du verloren.« Michael ist so ein Verbündeter, der anderen hilft und auf sie schaut. Am liebsten würde er auch noch freitags kochen. »Es kocht sonst keiner. Und die kalte Jahreszeit steht vor der Tür. Da können die Menschen etwas Warmes gut vertragen.« Das Kochen hat er sich von seiner Mutter abgeguckt. Über Jahre hinweg. Seine Belohnung ist die Freude der anderen. »Am schönsten ist es, wenn es allen schmeckt. Das macht mich ganz glücklich.« Seine Zutaten für ein köstliches Rezept: Teilen, was da ist. Auch wenn es nicht viel ist. Bis jetzt hat es immer für alle gereicht.

Vorspeisen

Geschmelzte Bauern-Käseknödel auf Spargelvinaigrette

und rohem Schinken

Für 2 Personen

Käseknödel:

- 120 g trockenes Bauernbrot
- 75 g Milch
- 20 g Butter
- 20 g Zwiebelwürfel
- 60 g Bergkäse
- 1–2 Eier
- Salz
- Pfeffer
- Muskatnuss, gerieben
- 5 g Petersilie, fein gehackt
- 20 g hauchdünne, rohe Schinkenscheiben

Spargelvinaigrette:

- 4 Stangen grüner Spargel
- 4 Stangen weißer Spargel
- Salz
- Pfeffer
- Zucker
- 10 g Petersilie, gehackt
- 10 g Schalottenwürfel
- 10 g gekochte Gemüsewürfel
- 30 g Weißweinessig
- 30 g Spargelfond
- 25 g Keimöl

1 Für die Käseknödel das Brot in Würfel schneiden, Zwiebel in der Butter weich dünsten, mit der Milch ablöschen und über das Brot gießen. Mit Salz, Pfeffer und Muskatnuss abschmecken, Eier dazugeben und ca. 1 Stunde ruhen lassen. Anschließend die gehackten Kräuter sowie den geriebenen Käse dazugeben und gegebenenfalls nochmals abschmecken. Aus der

Masse Knödel formen, in gesalzenes, siedendes Wasser geben und gar ziehen lassen.

2 *Spargelvinaigrette:* Den Spargel kochen und in 2 cm große Stücke schneiden. Aus dem Weißweinessig, Spargelfond, Keimöl, Salz, Zucker und Pfeffer eine Vinaigrette herstellen. Den Spargel mit Vinaigrette, den Schalotten und Gemüsewürfeln sowie gehackter Petersilie marinieren.

3 *Anrichten:* Spargelvinaigrette in einem tiefen Teller anrichten, die gegarten Knödel daraufsetzen, den gerollten Schinken anlegen und servieren.

Tipp: Wenn keine Spargelsaison ist, kann man ganz einfach Gemüse oder Pilze nach Marktangebot verwenden.

TOBIAS EISELE, Schreiegg's Post, 86470 Thannhausen

Blumenkohlravioli mit geräuchertem Heilbutt und Kerbelfond

Für 2 Personen

Nudelteig:
- 120 g Vollkornmehl
- ¼ TL Meersalz
- 1 Ei
- 1 EL Olivenöl, kaltgepresst
- 1–3 EL Wasser (nach Bedarf)

Raviolifüllung:
- ½ Kopf Blumenkohl
- 50 g Butter
- Muskatnuss, frisch gemahlen
- Salz
- Zucker
- 1 Ei, hart gekocht, fein gehackt

Kerbelfond:
- 15 ml Mandelöl
- 1 Schalotte, fein gewürfelt
- ½ Limette
- ¼ Bd. Kerbel
- ¼ l Geflügelbrühe oder heller Kalbsfond (aus Tafelspitz hergestellt)
- 25 ml Sahne
- Salz
- Pfeffer (aus der Mühle) zum Abschmecken
- 100 g geräucherter weißer Heilbutt

1 Das Vollkornmehl mit Salz vermengen und zusammen mit Ei, Öl und Wasser 5–10 Minuten zu einem festen, aber geschmeidigen Teig (für Nudelmaschine) verkneten. Den Teig in Folie einschlagen und 20 Minuten ruhen lassen. Den Nudelteig mit der Nudelmaschine auf 1,5 mm Stärke ausrollen und zur Hälfte

dünn mit den verquirlten Eiern bestreichen. Die Füllung in gleichmäßig großen Portionen auf den Teig aufsetzen, mit der zweiten Hälfte bedecken und Ravioli entweder ausschneiden oder mit Hilfe eines Ravioli-Ausstechers ausstechen. In reichlich gesalzenem Wasser gar kochen.

2 *Raviolifüllung:* Den Blumenkohl putzen und vom Strunk befreien. Ein paar feine Röschen übrig lassen, um das Gericht zu dekorieren. Diese einfach in etwas Salzwasser gar kochen und bei Bedarf mit etwas Butter leicht goldbraun anbraten. Anschließend den restlichen Blumenkohl mit den Gewürzen und der Butter in einen Gefrierbeutel mit Zippverschluss packen, so viel Luft wie möglich aus dem Beutel streichen und in kochendem Wasser weich garen. Die Hälfte in einem Küchenkutter grob mixen und mit dem gehackten Ei vermischen. Abschmecken. Die andere Hälfte des gegarten Blumenkohls in der Küchenmaschine sehr fein mixen und anschließend durch ein feines Sieb streichen.

3 *Kerbelfond:* Die Schalotten im Mandelöl farblos angehen lassen, mit dem Limettensaft ablöschen, reduzieren, die Geflügelbrühe auffüllen und um die Hälfte einkochen lassen. Die Sahne beigeben und mit der Butter aufmontieren. Den Kerbel fein schneiden und vor dem Servieren beigeben. Mit Salz und Pfeffer abschmecken.

4 *Anrichten:* Zunächst auf vorgewärmten Tellern das Püree mittig anrichten. Darum die Blumenkohlröschen gefällig arrangieren. Die Ravioli auf das Püree setzen und darauf eine Scheibe geräucherten Heilbutt legen. Die Sauce angießen.

HOLGER BODENDORF, Bodendorf's im Landhaus Stricker, 25980 Sylt

Salziger Blechkuchen mit Spinat und Ringsalami

Für 2 Personen

- 10 g Hefe
- 1 Prise Zucker
- 275 g Mehl
- 1 KL Meersalz
- 1 EL Olivenöl
- 500 g Blattspinat
- 25 g Rosinen
- ½ Ringsalami
- etwas Olivenöl
- Salz
- Pfeffer
- etwas Butter

1 Hefe mit etwas Zucker und einem Teil des Mehls zu einem Vorteig kneten. Den Vorteig in die Mitte des restlichen Mehls geben und 15 Minuten gehen lassen. Olivenöl, ¼ l Wasser und Salz zugeben, das Ganze zu einem geschmeidigen Teig kneten.
2 Auf einem gefetteten Backblech ausrollen. 10 Minuten gehen lassen und mit Spinat, Rosinen und Ringsalami belegen. Wir backen den Blechkuchen bei 200 °C ca. 25–30 Minuten.

Tipp: Man kann eigentlich alles drauflegen, was man will, z. B. Rucola mit Mozzarella, Sardinen, Tomaten, Paprika, Zucchini, Knoblauch, Oliven und Artischocken.

THILO BISCHOFF, Reiterzimmer im Alpenhof Murnau, 82418 Murnau

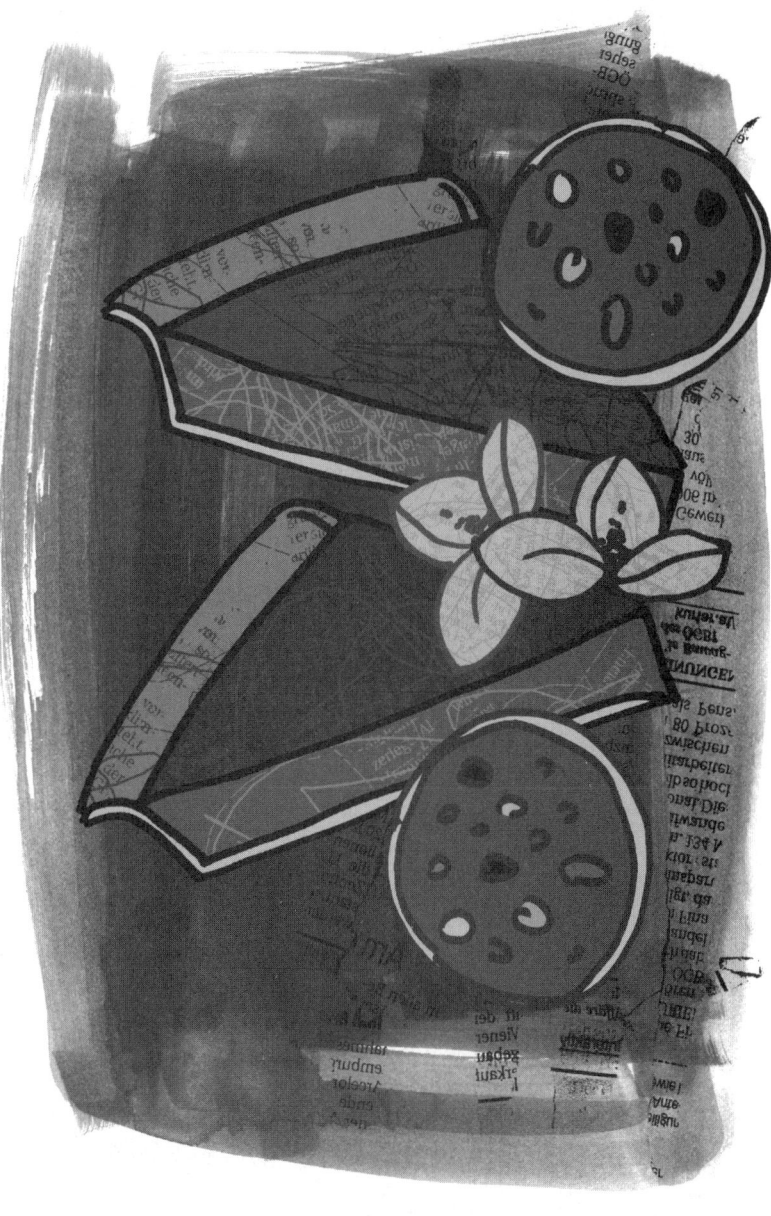

Vorspeisen

Bergisches Carpaccio vom Eisbein

in Graupenvinaigrette

Für 2 Personen

Carpaccio:

- 1 gepökelte Schweinehinterhaxen
- 1 geschälte Schalotte
- 1 geschälte Knoblauchzehe
- 1 Rosmarinzweig
- 50 ml trockener Weißwein
- Meersalz
- Pfeffer (aus der Mühle)
- 1 l Wasser
- 1 EL grober Estragonsenf

Vinaigrette:

- 100 ml brauner Kalbsfond
- 140 g große Perlgraupen
- 10 g geröstete Pinienkerne
- 1 Tomate
- Salz
- Pfeffer
- 1 EL Balsamicoessig
- 2 EL Traubenkernöl
- 1 EL Schnittlauch

1 Einen Fond aus Schalotten, Knoblauchzehen, Rosmarin, Weißwein, Salz, Pfeffer und Wasser zubereiten.
2 Die Haxe der Länge nach aufschneiden und die Knochen entfernen. Estragonsenf auf die Haxeninnenseite streichen. Die Haxe wieder schließen, mit Fleischbindfaden zubinden und etwas in Form bringen. In den Fond einlegen und ca. 2 Stunden leicht sieden lassen. In Eiswasser abschrecken. Die Haxe herausnehmen (sie muss noch lauwarm sein), den Bindfaden entfernen, Schwarte, Fett und unansehnliche Stellen entfernen.

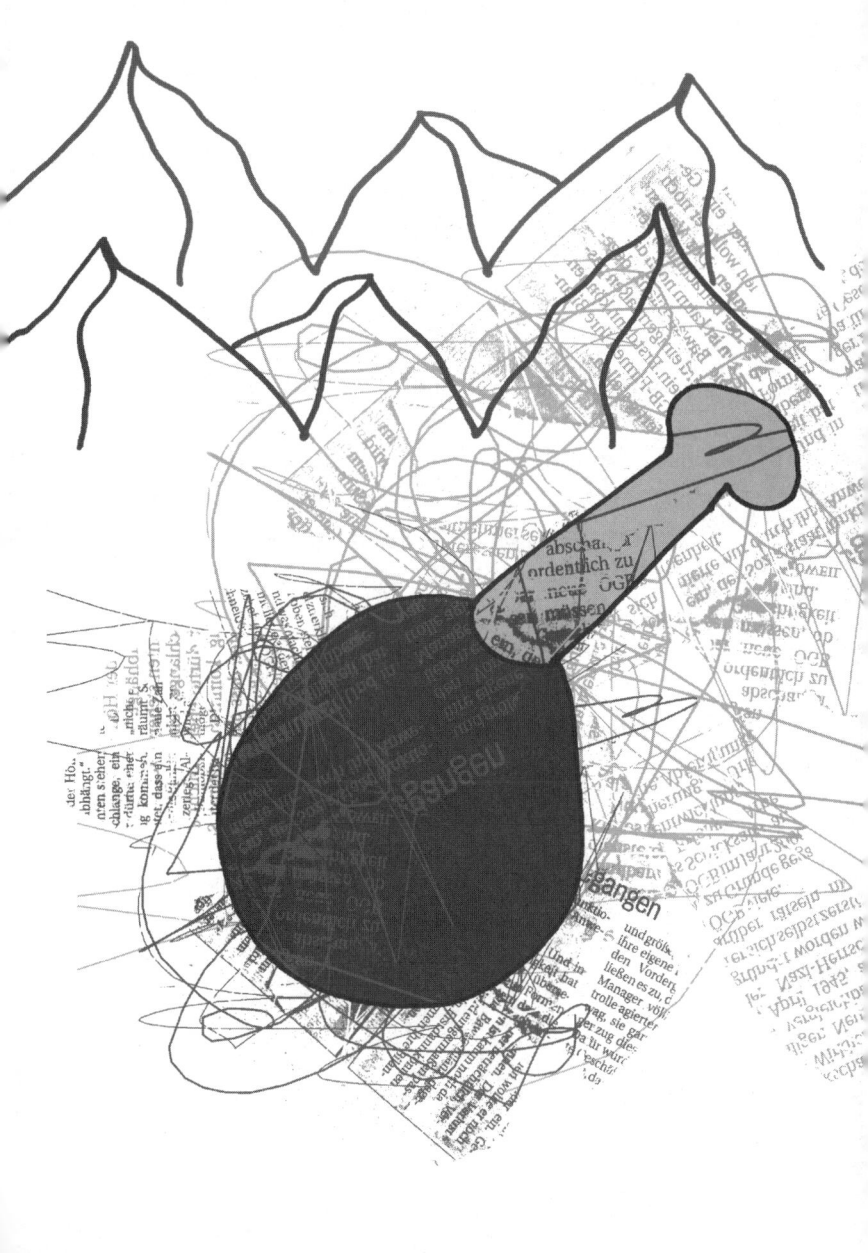

Das Haxenfleisch wie ein Bonbon fest in Klarsichtfolie einschlagen. Wer mag, löst die Schwarte, entfettet sie und umlegt das Haxenfleisch damit, bevor es eingerollt wird. Anschließend ca. 4 Stunden in den Kühlschrank legen.

3 Vinaigrette: Den Kalbsfond auf ca. 40 ml reduzieren. Die Perlgraupen ca. 10 Minuten in Salzwasser kochen und abschrecken. Die Tomaten blanchieren, Haut und Kerne entfernen und klein würfeln. Aus dem Balsamicoessig, dem Traubenkernöl, dem Schnittlauch und allen anderen Zutaten eine Vinaigrette rühren und abschmecken.

4 Anrichten: Das gekühlte Eisbein mit einem scharfen Messer in dünne Scheiben schneiden und auf einen Teller dachziegelförmig auflegen, im Ofen leicht erwärmen, ebenso die Vinaigrette. Das Fleisch komplett mit Vinaigrette bedecken. Dazu empfehle ich einen gemischten Blattsalat.

CHRISTOPHER WILBRAND, Zur Post, 51519 Odenthal

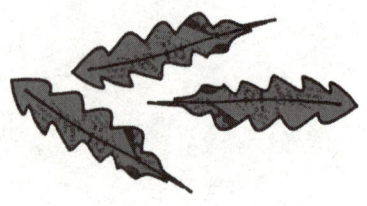

Gebackenes Ei vom Landhuhn mit Rucola-Risotto

Für 2 Personen

- 2 große und frische Eier vom Landhuhn
- etwas Essig

Panade:
- 1 kleines Ei
- 1 EL Mehl
- 2 Toastbrotscheiben
- 2 Speckscheiben, kross gebraten

Risotto:
- 100 g Risottoreis
- 1 Zitrone
- 4 cl Weißwein
- 30 cl Geflügelbrühe
- 1 EL Schalottenwürfel
- 50 g Rucola, feine Blätter
- 10 g Butter
- 20 cl Olivenöl, kaltgepresst
- 2 EL Fontina-d'Aosta-Käse, gerieben
- Salz
- Pfeffer (aus der Mühle)
- 2 EL Rucolaöl (Rucola mit Olivenöl gemixt)

1 Die Eier aus der Schale in zwei kalte Tassen aufschlagen. Einen Topf mit Wasser und einem Spritzer Essig siedend erhitzen, mit einem Schneebesen im Kreis kräftig rühren, so dass ein Wirbel entsteht. Jetzt schnell die Eier nacheinander hineingeben, damit das Ei wieder die Eiform bekommt. Nach knapp

Vorspeisen

4 Minuten die Eier vorsichtig aus dem Wasser nehmen und in Eiswasser abkühlen.

2 *Risotto:* Etwas Olivenöl, Schalotten (fein geschnitten) und Reis in einer heißen Sauteuse 1 Minute anschwenken. Geflügelbrühe und Wein zugeben und am Herdrand ca. 18 Minuten leise köcheln lassen. Nur ab und zu rühren. Zum Schluss Butter, Olivenöl, Käse und geschnittene Rucolablätter untermischen und mit Salz, Pfeffer und Zitronensaft würzig abschmecken. Das Risotto sollte unbedingt mit einem leichten Biss im Korn serviert werden und von leicht fließender Konsistenz sein.

3 Nebenbei das angetrocknete Toastbrot mit dem krossen Speck zu Paniermehl mixen. Die Eier gut abtropfen, etwas würzen. Nun in Mehl, Ei und der Panade schön panieren. Zum Servieren die Eier schwimmend in heißem Pflanzenöl ca. 90 Sekunden ausbacken.

4 *Anrichten:* Risotto in zwei heiße, tiefe Teller verteilen. Gebackene Eier auflegen und mit etwas Rucolaöl beträufeln. Als Garnitur passen frittierte Rucolablätter und etwas krosser Speck.

Nils Henkel, Restaurant Dieter Müller im Schlosshotel Lerbach, 51466 Bergisch Gladbach

Feldsalat mit glacierter Kalbsleber und Himbeer-Vinaigrette

Für 2 Personen

- 250 g Feldsalat
- 300 g Kalbsleber
- 30 g Buttaris
- 30 g Butter
- Pfeffer (aus der Mühle)
- Mehl
- Salz
- 1 EL Schalotten, fein geschnitten
- Weißwein
- 0,1 l Bratensauce (Bratenjus)
- 1 TL Estragon, fein geschnitten
- 1 TL Blattpetersilie, fein gehackt

Himbeer-Vinaigrette:
- 70 g Läuterzucker (35 g Wasser/35 g Zucker)
- 100 g Himbeeressig
- 70 g Olivenöl
- 70 g Haselnussöl
- Salz
- Pfeffer (aus der Mühle)

1 Feldsalat putzen und mehrmals waschen, anschließend in einer Salatschleuder schleudern.
2 Die Kalbsleber in dünne Scheiben schneiden, mit Pfeffer würzen, eine Seite in Mehl wenden und in Buttaris rosa braten.

Nach dem Braten mit etwas Salz würzen, aus der Pfanne nehmen und warm stellen.

3 Die Schalotten glasig dünsten, mit etwas Weißwein ablöschen und reduzieren lassen. Jetzt die Bratensauce dazugeben, die gehackten Kräuter und die Leberscheiben ganz kurz durchschwenken, sofort aus der Pfanne nehmen und auf Teller anrichten.

4 Mit dem marinierten Feldsalat servieren.

5 *Marinade:* Alle Zutaten gut vermischen und den zerkleinerten Feldsalat durchziehen.

FRANZ FECKL, Landhaus Feckl, 71139 Ehningen

Kartoffelterrine mit Steinbeißer

Für 2 Personen

- 200 g Steinbeißerfilet
- 100 g Kopf und Gräten
- 70 g weißes Gemüse
- 5 cl Weißwein
- 2 Mangoldblätter (zum Einwickeln der Steinbeißerfilets)

Gelee:

- 0,2 l Fischfond
- 2 Blatt Gelatine
- Petersilie
- Schnittlauch
- Kerbel

Kartoffelmousse:

- 0,1 l Fischsauce
- 2 Blatt Gelatine
- 70 g gekochte, gepresste Kartoffeln
- Salz, Pfeffer
- Weißweinessig
- 0,1 l Schlagsahne

Sauce:

- ¼ l Crème fraîche
- etwas Milch
- 1 Bd. Schnittlauch
- Salz, Pfeffer

1 Aus den Gräten, dem Kopf und dem weißen Gemüse ca. ½ Liter klaren Fischfond herstellen. Ca. ½ Stunde köcheln lassen und dann durch ein Tuch passieren. Etwas Fischfond in einen Dampftopf geben, um die Steinbeißerfilets zu dämpfen. Die Filets nach der Garzeit kalt stellen. Dann den restlichen Fischfond langsam (damit er nicht trübe wird) auf 250 ml einkochen.

2 *Gelee:* Es werden 200 ml Fischfond benötigt, die eingeweichten und ausgedrückten Gelatineblätter dazugeben und mit Salz und Pfeffer abschmecken.

3 Die Mangoldblätter kurz in kochendes Salzwasser geben und sofort in kaltem Wasser abschrecken. Anschließend den Strunk entfernen und abtropfen. Auf eine Folie legen, mit Gelee bepinseln, die Steinbeißerfilets in Terrinenlänge darauflegen und ebenfalls mit Gelee bepinseln. Mit der Folie und den Mangoldblättern einrollen und kalt stellen.

4 *Kartoffelmousse:* 50 ml Fischfond und 100 ml Sahne aufkochen und auf 100 ml reduzieren. Eingeweichte und ausgedrückte Gelatine dazugeben. Zu den Kartoffeln geben und glatt rühren, mit Salz und Pfeffer abschmecken. Durch ein Haarsieb streichen und kalt stellen, bis das Mousse etwas anzieht. Eine Terrine mit Klarsichtfolie auslegen, 1 cm Gelee einfüllen, die gehackten Kräuter dazu und kalt stellen. Die geschlagene Schlagsahne unter die Kartoffelmasse heben und mit Salz, Pfeffer und Weinessig abschmecken. 1 cm vom Kartoffelmousse auf das Gelee in der Terrine geben und kalt stellen. Das Gelee immer kurz vorher mit heißem Gelee bepinseln, dann erzielt man eine bessere Haftung zwischen den Schichten. Fischfilet aus der Folie nehmen und auf das Mousse legen. Mit flüssigem Gelee bedecken und wieder kalt stellen. Zum Abschluss die Terrine mit Kartoffelmousse bedecken und 2 Stunden gut durchkühlen lassen.

5 Für die Schnittlauchcreme den Schnittlauch mit Crème fraîche und Milch verrühren, mit Salz und Peffer würzen. Terrine mit Sauce anrichten.

KARL WANNEMACHER, Alt Luxemburg, 10627 Berlin

Vorspeisen

Gemüse-Omelett

Für 2 Personen

- 1 Schalotte
- 2 Karotten
- 50 g Erbsen
- 50 g Sellerie
- 1 Tomate
- 1 Kartoffel
- 60 ml Sahne
- 4 Eier
- etwas Knoblauch
- Thymian
- Rosmarin
- Salz
- Pfeffer
- Cayennepfeffer
- Olivenöl

1 Schalotte, Karotten, Sellerie, Tomate und Kartoffel in Würfel schneiden. Schalotte und Knoblauch in etwas Olivenöl anschwitzen, das restliche Gemüse, bis auf die Tomate, zugeben und glasig rösten. Dann die Tomate dazugeben.
2 Die Eier mit der Sahne und den Gewürzen verquirlen und über das Gemüse in der Pfanne geben. Im Ofen bei 200 °C ca. 10–12 Minuten stocken lassen – so bekommt das Omelett von allen Seiten Hitze. Auf der Herdplatte kann es passieren, dass die Unterseite verbrennt, während die Oberseite noch roh ist.
3 Mit einem frischen Salat, Olivenöl, Balsamicoessig und etwas Meersalz servieren.

THOMAS KAMMEIER, Hugos im Hotel InterContinental, 10787 Berlin

Gnocchi in Salbei

Für 2 Personen

- 200 g mehligkochende Kartoffeln
- 60 g Mehl
- 10 g geriebener Parmesan
- 1 Eigelb
- Salz
- Pfeffer
- Muskatnuss
- 40 g Butter
- 2 EL Salbei, fein geschnitten
- 40 g geriebener Parmesan

Garnitur:
- 2 Tomaten
- 40 g Schinken

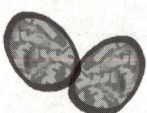

1 Die gekochten und gepellten Kartoffeln mit einer Kartoffelpresse durchdrücken, würzen, mit dem Mehl, Käse und Ei schnell zu einem Teig verarbeiten. Die Masse in dünne Schlangen drehen und mit einem Messer in kleine Stücke schneiden. Diese wiederum zu kleinen Kugeln formen und mit einer Gabel abdrehen. In kochendem Salzwasser ca. 10 Minuten gar ziehen lassen.

2 In einem Topf Butter zerlassen und Salbei beifügen. Gnocchi zugeben, würzen und wiederum mit reichlich geriebenem Käse bestreuen.

3 *Garnitur:* Tomaten und kleine Schinkenwürfel.

Wolfgang Staudenmaier, Da Gianni, 68161 Mannheim

In Olivenbrot gebackenes Landei

mit Artischockenbarigoule und Polenta

Für 2 Personen

Landei:
- 2 frische Landeier
- ca. ¾ l Wasser
- 8 EL weißer Essig
- Olivenbrot
- Mehl
- Ei
- Backfett

Artischockenbarigoule:
- 2 Artischocken
- 2 Schalotten
- ½ Zitrone
- Knoblauch
- Thymian
- Salz
- weißer Pfeffer (aus der Mühle)
- ¼ l Gemüsebrühe
- ¼ l Weißwein
- Olivenöl
- 20 g Tomatenwürfel
- Petersilie
- Thymian

Polenta:
- 750 ml Milch
- 20 g Butter
- 60 g geriebener Parmesan
- 250 g Maisgrieß
- 30 g schwarze Oliven, gewürfelt
- 30 g getrocknete Tomaten, gewürfelt
- 1 Eigelb
- Salz
- Pfeffer (aus der Mühle)
- Muskatnuss
- Safran
- 20 g Butter

Vorspeisen

1 Die beiden Landeier in 2 Tassen aufschlagen und vorsichtig in leicht siedendes Essigwasser gleiten lassen. Mit einer Schaumkelle das Eiweiß um das Eigelb »wickeln«. Nach ca. 3 Minuten die Landeier vorsichtig in kaltes Wasser legen.
2 Das Olivenbrot am Vortag trocknen und anschließend zu Bröseln reiben. Die Eier vorsichtig abtupfen, abtropfen lassen und noch vorsichtiger in Mehl, Ei und den Olivenbrotbröseln panieren. In Backfett bei ca. 170 °C 30–45 Sekunden ausbacken.
3 *Artischockenbarigoule*: Die geputzten Artischocken sofort in Zitronenwasser legen (oxydieren sonst) und die Abschnitte mit den anderen Zutaten und dem Olivenöl anschwitzen. Weißwein und Gemüsefond dazugeben und ca. 20 Minuten kochen lassen. Anschließend alles pürieren und durch ein feines Sieb passieren. Die geputzten Artischockenböden in Würfel schneiden und in dem passierten Fond garen.
4 *Polenta*: Die Milch mit den Gewürzen aufkochen und den Maisgrieß einrühren. Bei schwacher Hitze ca. 15 Minuten quellen lassen. Danach Tomaten- und Olivenwürfel, zuletzt das Eigelb und den geriebenen Parmesan untermischen. Auf ein Blech ca. ½ cm hoch aufstreichen und kühl stellen. Danach rund ausstechen und in leicht aufschäumender Butter anbraten.
5 Vor dem Anrichten die gegarten und abgekühlten Artischockenwürfel nochmals leicht in Butter anbraten, etwas vom Artischockenfond dazugeben und mit Tomatenwürfeln, gehackter Petersilie und Thymian auf die rund ausgestochene Polenta anrichten. Obenauf dann vorsichtig das gebackene Landei legen.

MICHAEL FELL, Dichterstub'n im Park-Hotel Egerner Hof,
83700 Rottach-Egern

Vorspeisen

Marinierte Sardinen

mit Gurkengelee, Salat und Borretsch

Für 2 Personen

- 2 frische Sardinen
- grobes Meersalz
- 1½ Gurken
- frischer Borretsch mit Blüten
- 2 cl Weißweinessig
- 2 cl Olivenöl
- Salz
- Pfeffer
- Piment d'Espelettes
- ¼ Blatt Gelatine
- 1 g Agar Agar

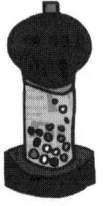
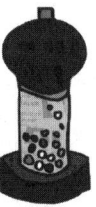

1 Die Sardinen filetieren, entgräten und ca. 20 Minuten in grobem Meersalz einlegen, anschließend abwaschen. Ca. 20 Minuten kalt wässern, trocken legen und danach im Weißweinessig marinieren.

2 Die Gurken schälen, die beiden Enden abschneiden und die halbe Gurke längs bis zum Kerngehäuse in lange Bänder schneiden. Die andere Gurke würfeln. Das Gurkenkerngehäu-

se und die Schalen mit der verbliebenen Gurke durch die Zentrifuge lassen, den so entstandenen Gurkensaft mit Salz und Piment d'Espelettes abschmecken und mit der eingeweichten, ausgedrückten und flüssig gemachten Gelatine und dem Agar Agar abbinden, in Formen gelieren lassen. Die Gurkenbänder leicht salzen, mit etwas Weißweinessig marinieren und Borretsch-Juliennes zugeben.

3 Die Gurkenbänder auf Tellern wie ein kleines Nest anrichten. In dieses Nest das Gurkengelee mit den Gurkenwürfeln geben. Darauf die marinierten Sardinenfilets legen, mit dem Essigsud beträufeln, leicht pfeffern und mit Borretschblüten dekorieren.

FABIAN FELDMANN, Gastronomique »Im Schwarzen Adler«, 90562 Heroldsberg

Oberndorfer Maultaschen

Für 2 Personen

Nudelteig:

- 50 g Weizenmehl
- 50 g Weizendunst
- 1 KL Wasser
- kräftige Prise Meersalz
- 1 KL Olivenöl
- 2 Eigelb
- 1 ganzes Ei

Füllung:

- 1½ Stk. Milchweck
- 5 cl Milch
- ½ Zwiebel
- ½ Bd. Blattpetersilie
- etwas Kerbel
- etwas Butter
- 1 Ei
- 30 g Sahne
- Salz
- Pfeffer
- Muskatnuss

Schmelze:

- 2 Frühlingszwiebeln
- 1 KL Butter
- 1 KL Panierbrot
- Schnittlauch
- Petersilie
- etwas Meersalz
- Pfeffer

1 *Nudelteig:* Das Meersalz in Wasser auflösen und mit den übrigen Zutaten zu einem glatten, festen Teig verarbeiten. Mit Klarsichtfolie abdecken und 2 Stunden im Kühlschrank ruhen lassen. Den Nudelteig in der Maschine zu Bahnen drehen, die Teigplatte mehrmals übereinanderlegen und immer wieder durch die Maschine drehen, dabei immer dünner werden (bis ca. 0,5 mm). Die dünnen Teigplatten auslegen und mit Eigelb

einstreichen. Die Weckmasse mit Spritzbeutel oder Löffel mit genügend Abstand auf dem Teig verteilen, eine zweite Teigplatte darüberlegen, vorsichtig andrücken und mit einem Teigrad oder Ausstecher portionieren. Im gesalzenen Wasser ziehen lassen, bis die Füllung gestockt ist.

2 *Füllung:* Die Milchweck in feine Würfel schneiden und im Backofen goldbraun rösten (am besten am Vortag). Die Brotwürfel mit der aufgekochten Milch befeuchten. Zwiebel in feine Würfel schneiden, in Butter leicht braun angehen lassen, gehackte Petersilie und Kerbel hinzufügen und alles zu den Wecken geben. Ei und Sahne verrühren, ebenfalls untermischen und gut durchmengen. Mit Salz, Pfeffer und Muskatnuss abschmecken.

3 Die Frühlingszwiebeln in feine Ringe schneiden, in Butter anrösten, mit Salz und Pfeffer würzen, Panierbrot und Kräuter hinzufügen und über die Maultaschen verteilen.

Dazu schmeckt ein Endiviensalat mit Knoblauchdressing oder Feld- und Kopfsalat.

Für eine pfiffige Variante geben Sie 20 g klein geschnittene, getrocknete Aprikosen und Mandelstifte unter die Masse. Gerne können Sie auch etwas Kochschinken in die Masse geben oder die Schmelze mit geröstetem Speck oder Schinken anreichern.

WOLFGANG RAUB, Raub's Restaurant/Kreuz-Stüberl,
76456 Kuppenheim

Parmesan-Salbei-Gnocchi

mit Strauchtomaten und Chorizo

Für 2 Personen

- 300 g mehligkochende Kartoffeln
- 100 g Hartweizengrieß
- 50 g Speisestärke
- 100 g Parmesan
- 3–4 Eigelb
- Salz
- Pfeffer
- Muskatnuss
- etwas Mehl zum Ausrollen
- 10 Salbeiblätter

Tomaten:

- 150 g kleine Strauchtomaten oder Cocktailtomaten
- 1 Schalotte
- 2 Knoblauchzehen
- 1 rote Chilischote
- Salz
- Pfeffer
- Prise Zucker
- 10 kleine Scheiben Chorizo
- 5 Salbeiblätter
- 1 kleines Stück Parmesan
- 30 g Butter

1 Die Kartoffeln waschen und mit der Schale in Salzwasser weich kochen, pellen, gut ausdünsten lassen und durch die Presse drücken. Die übrigen Zutaten dazugeben und alles gut miteinander verkneten. Je nach Konsistenz noch Eigelb oder etwas Mehl zufügen. Den Teig auf einer bemehlten Arbeitsfläche zu Rollen formen, danach in kleine Stücke schneiden, zu Gnocchi

rollen und mit bemehlter Gabel leicht eindrücken. In kochendes Salzwasser legen, einmal aufwallen lassen, dann auf kleiner Flamme 10 Minuten ziehen lassen. Mit der Schaumkelle herausnehmen und gut abtropfen lassen.

2 Die Tomaten in kochendem Wasser kurz blanchieren, eiskalt abschrecken und häuten. Schalotten und Knoblauch würfeln und mit der ganzen Chilischote in Olivenöl anbraten. Tomaten zugeben und mit Salz, Pfeffer und dem Zucker würzen und ca. 2–3 Minuten leicht garen. Die Tomaten sollen nicht zerfallen. Dann die Chilischote herausnehmen.

3 Butter in der Pfanne erhitzen, die Chorizo-Scheiben darin von beiden Seiten kurz anbraten und herausnehmen.

4 Die Gnocchi in der Butter leicht bräunen, die in Streifen geschnittenen Salbeiblätter dazugeben. Tomaten, Gnocchi und Chorizo auf einer warmen Platte anrichten und gehobelten Parmesan darüber verteilen.

ULRIKE STOEBE, Landhaus Mühlenberg, 54313 Daufenbach

Panzanella

(toskanischer Weißbrotsalat)

Für 2 Personen

- 8 Scheiben altbackenes Weißbrot
- 1 rote Paprikaschote
- 1 rote Zwiebel, gehackt
- ½ Gurke, in feine Würfel geschnitten
- 1 Karotte, gewürfelt
- Petersilie und Basilikum, grob gehackt
- 15 kleine Kapern
- Essig
- Olivenöl
- Salz
- Pfeffer

1 Das Weißbrot in Wasser einweichen und gut ausdrücken. Die rote Paprikaschote in Würfel schneiden.
2 Alle Zutaten miteinander gut vermischen und als kalten Sommersalat servieren.

ROBERTO CARTURAN, Ristorante Alfredo, 50667 Köln

Räucherforellen-Mousseline

(Parfait)

Für 2 Personen

- 2 Räucherforellenfilets (evtl. feine Gräten mit einer Pinzette herauszupfen)
- 3 EL kräftiger Weißwein
- 1 Lauchzwiebel
- 2 Blatt Gelatine
- etwas Zitronensaft
- etwas Pernod
- 0,1 l Schlagsahne

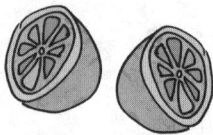

1 Nur das Weiße von der Lauchzwiebel sehr fein schneiden, in etwas Olivenöl anschwitzen (einen Topf verwenden, in den alle Zutaten passen). Forellenfilets in Stücke zupfen und kurz mitschwitzen, dabei mit etwas Salz und Pfeffer würzen. Wein zugeben und 5 Minuten zugedeckt sanft köcheln lassen.
2 Gelatine in kaltem Wasser einweichen, ausdrücken und in den Topf geben, alles mit dem Pürierstab fein mixen. Jetzt nochmals mit Zitronensaft, Pernod und evtl. Salz und Pfeffer abschmecken. Die Masse kalt stellen und gelegentlich umrühren.

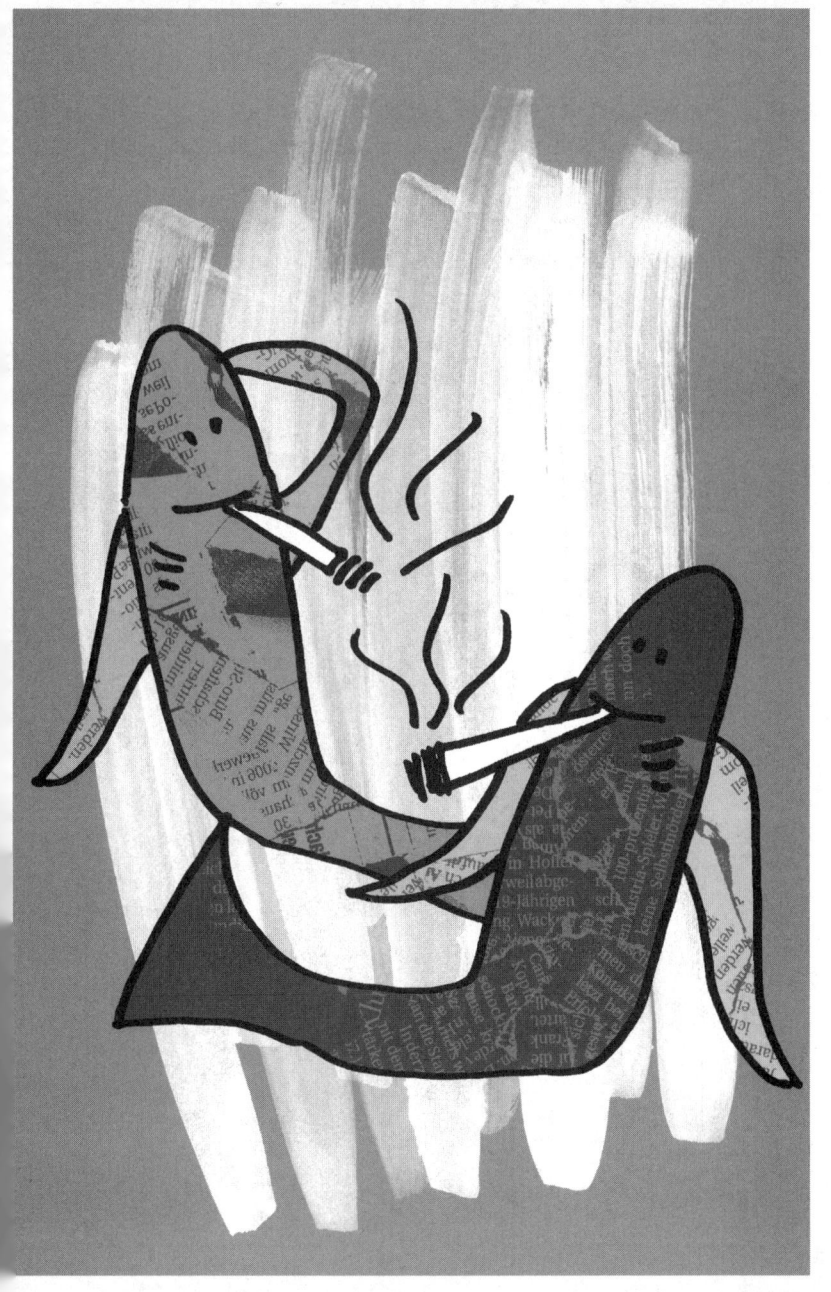

3 Die Sahne steif schlagen. Wenn die Masse beginnt, steif zu werden, die Sahne vorsichtig mit einem Kochlöffel unterheben.

4 In schöne Gläser oder Porzellangefäße füllen und mindestens 2 Stunden im Kühlschrank durchziehen lassen.

Tipp: Unter die Masse fein gehackten Estragon geben. Dazu Blattsalate mit leichtem Zitronendressing und warmes Weißbrot servieren.

HERMANN LAUDENSACK, Laudensacks Parkhotel,
97688 Bad Kissingen

Tafelspitzsalat mit Ahrtaler Kräutersauce

Für 2 Personen

- 250 g Rindertafelspitz
- 200 g Rinderknochen
- ½ Karotte
- ½ Zwiebel
- 30 g Sellerie
- ½ Tomate
- ½ Lorbeerblatt
- 1 kleiner Thymianzweig
- 3 Pfefferkörner
- 2 Wacholderbeeren
- 1 l Wasser
- Salz

Ahrtaler Kräutersauce:

- Blattpetersilie
- ¼ Bd. Kerbel
- 1/8 Bd. Estragon
- 1 Dillzweig
- 3 Blätter Borretsch
- je ½ Bd. Sauerampfer, Gartenkresse, Pimpernelle
- 100 g Joghurt
- 50 g Crème fraîche
- 3 Eier
- Zitronensaft
- ½ TL Dijonsenf
- Zucker
- Salz
- Cayennepfeffer

Walnussvinaigrette:

- ½ TL Dijonsenf
- 3 cl Rinderbrühe
- 3 cl Walnussöl
- 3 cl Traubenkernöl
- 2 cl Sherryessig
- Salz
- Pfeffer

Garnitur:

- Schnittlauch, Kresse, Radieschen, Friséesalat

1. Den Tafelspitz mit den Knochen, der Karotte, dem Sellerie und der vorher gebräunten Zwiebel und allen weiteren Zutaten kochen, je nach Größe und Alter des Fleisches 1–2 Stunden.
2. *Sauce:* Alle Kräuter zupfen und mit dem Joghurt fein mixen. Crème fraîche zugeben, ebenso Senf und Zitronensaft, mit Salz, Cayennepfeffer und einer Prise Zucker würzen und zuletzt die hart gekochten Eier, in feine Würfel gehackt, unterheben.
3. *Vinaigrette:* Alle Zutaten mischen.
4. Den Tafelspitz in feine Scheiben schneiden, auf ein Blech legen, mit der Walnussvinaigrette beträufeln und nochmals kurz im Ofen erwärmen.
5. Die Garniturzutaten werden alle fein gezupft und geschnitten und ebenfalls mit Walnussvinaigrette mariniert.
6. *Anrichten:* Warme Tafelspitzscheiben lose zusammenlegen, mit der Ahrtaler Kräutersauce anrichten und die Garnitur anlegen.

Hans Stefan Steinheuer, Steinheuers Restaurant Zur Alten Post, 53474 Bad Neuenahr

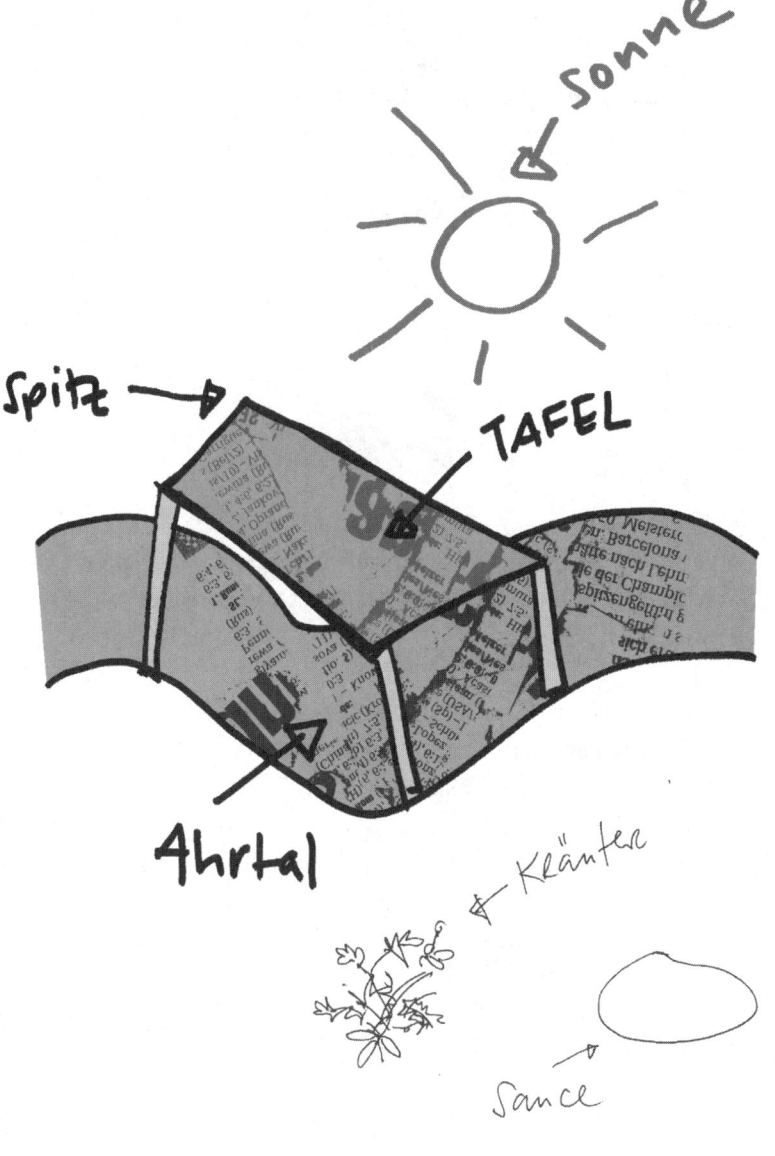

Spreewälder Kräuterquark

Für 2 Personen

- 200 g Bio-Quark
- 1 EL Zwiebelwürfel
- Salz
- Pfeffer
- 2 EL Leinöl
- verschiedene gehackte Kräuter nach Geschmack (hier eignet sich z. B. die Kräutermischung »Frankfurter grüne Sauce«)
- 4 Scheiben Schwarzbrot

1 Alle Zutaten gut vermischen und im Kühlschrank einige Stunden durchziehen lassen.
2 Mit Schwarzbrot servieren.

OLIVER HEILMEYER, Restaurant 17fuffzig im Hotel Zur Bleiche, Resort & Spa, 03096 Burg/Spreewald

Weißes Tomatenmousse in der Strauchtomate mit grünem Spargelsalat

Für 2 Personen

- 2 Strauchtomatenrispen (blanchiert, die Haut abgezogen, jedoch mit grünem Strunk)

Mousse:

- 160 ml weißer Tomatensaft (ca. ½ kg reife Tomaten mit Kräutern [Basilikum, Thymian] pürieren und über Nacht durch ein sehr feines Tuch abtropfen lassen)
- 2 Blatt Gelatine
- 90 ml angeschlagene Sahne
- Zucker
- Salz
- Pfeffer
- Tabasco
- Weinessig

Spargelsalat:

- 4 gekochte Spargelstangen oder Thaispargel

Marinade:

- Estragon
- Salz
- Pfeffer
- Olivenöl
- etwas weißer Balsamicoessig
- geröstete, gehackte Pinienkerne

1 Die Strauchtomaten unten einmal quer abschneiden, so dass eine 2 cm große Öffnung entsteht, diese umgedreht auf ein Blech setzen, von innen mit Salz und Pfeffer würzen und das Tomatenmousse einfüllen (evtl. mit einem Spritzbeutel).
2 *Tomatenmousse*: Den Tomatensaft erhitzen und mit der eingeweichten Gelatine verrühren, auf Eis setzen und die geschlagene Sahne unterziehen. Mit Salz, Pfeffer, Zucker, Tabasco und etwas Weinessig abschmecken.
3 *Spargelsalat*: Die Marinade mit dem geschnittenen Estragon verrühren und den schräg geschnittenen Spargel damit marinieren.
4 *Anrichten*: Den Spargelsalat mittig anrichten (mit den Spitzen nach außen) und die gefüllte Tomate mit dem Strunk nach oben auf den Spargelsalat setzen. Evtl. für die Garnitur etwas alten Balsamicoessig und Kerbelspitzen zugeben.

SVEN ELVERFELD, Aqua im Hotel Ritz-Carlton, 38440 Wolfsburg

Vorspeisen

Wan Tan mit Pfifferlingen und Ziegenkäse

Für 2 Personen

- 100 g Pfifferlinge
- 50 g Ziegenkäse
- Wan-Tan-Blätter (ca. 4 x 4 cm)
- 2 cl Olivenöl
- 20 g Butter
- Zitronensaft
- Schnittlauch
- 1 TL Brösel
- Salz
- Pfeffer
- Sanddornhonig
- Essig

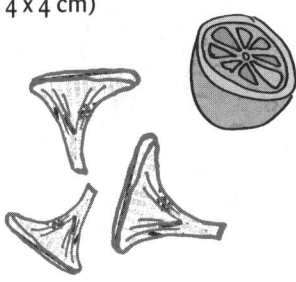

1 Die Pfifferlinge putzen, jedoch nicht waschen, sonst saugen sie sich mit dem Wasser voll. Die gesäuberten Pilze in 1,5 x 1,5 cm große Würfel schneiden und in heißem Öl mit Butter anbraten, mit Salz, Pfeffer und etwas Zitronensaft abschmecken. Die erkalteten Pilze mit dem Ziegenkäse vermengen und die Brösel ebenfalls darunterheben.

2 Die Masse mit einem Teelöffel in die Mitte von den Wan-Tan-Blättern legen. Die Ränder mit Eigelb bestreichen und die 4 Ecken zusammenfügen und zu einem Säckchen formen.
3 Die Säckchen in heißem Fett goldbraun ausbacken und auf Küchenpapier abtropfen lassen.
4 Aus dem Sanddornhonig und Essig einen Dip bereiten und dazureichen.

SARAH WIENER, Sarah Wiener GmbH, 10115 Berlin

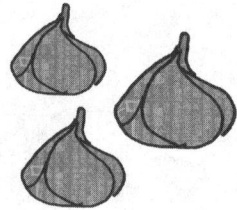

Vorspeisen

Leicht gepökelte Zunge vom Landschwein

auf lauwarmer Gemüsevinaigrette

Für 2 Personen

Schweinezunge:
- 200 g leicht gepökelte Schweinezunge vom Landschwein
- 50 g Sellerie
- ½ Lorbeerblatt
- 2 Pfefferkörner

Nudelteig:
- 60 g Mehl
- 35 g Vollei oder Eigelb
- Salz
- Olivenöl (wenig)

Sellerietaschen:
- 90 g Nudelteig
- 100 g Knollensellerie, geschält
- 50 ml Milch
- 25 g Butter
- Salz, Pfeffer

Gemüsevinaigrette:
- 25 g speckige Kartoffeln, geschält, gewürfelt
- 10 g Karotten, geschält, gewürfelt
- 10 g Schalotten, geschält, fein gewürfelt
- 10 g Zucchini, ungeschält, fein gewürfelt
- 4 EL Wasser oder Selleriefond
- ¼ EL Olivenöl
- ¼ EL Speisestärke (angerührt mit etwas Wasser)
- Meersalz
- weißer Pfeffer
- Cayennepfeffer
- ¼ TL weißer Essig

- 25 g gute Butter
- 10 g frischer Meerrettich

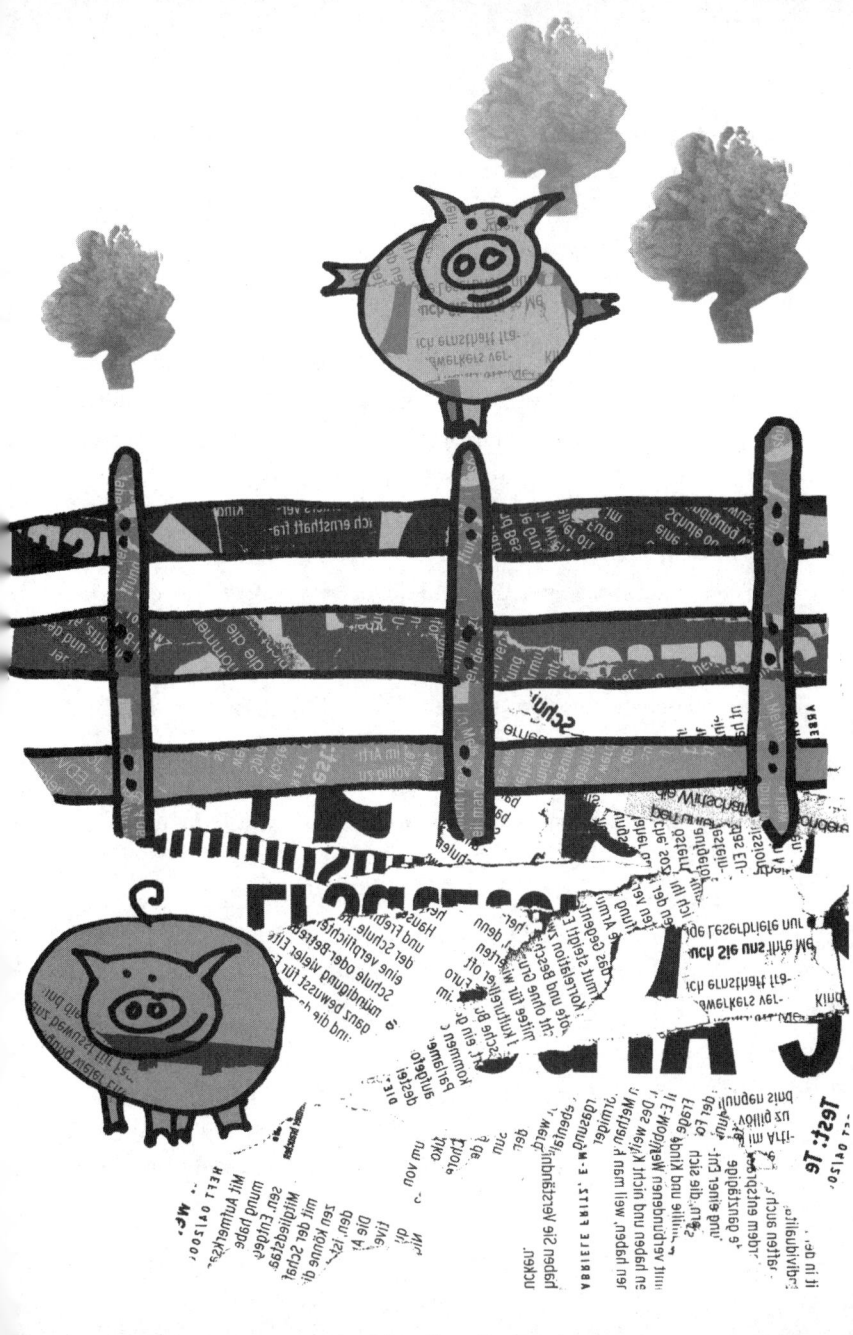

1 Die gepökelte Schweinezunge im ungesalzenen Wasser mit den Abschnitten von der Gemüsevinaigrette und dem Sellerie, mit dem Lorbeerblatt und den Pfefferkörnern ca. 3 Stunden sieden. Die Zunge ist gar, wenn sie leicht von der Gabel gleitet. Dann die Zunge noch warm häuten und längs in Scheiben schneiden.

2 *Sellerietaschen*: Die Zutaten für den Nudelteig gut miteinander verkneten und in Folie eingeschlagen 30 Minuten kühl ruhen lassen. Auf einer ebenen Fläche, leicht bemehlt, dünn ausrollen und mit einem runden Ausstecher Platten ausstechen. In die Mitte dieser Platten kleine Häufchen von der Selleriemasse setzen, die Ränder der Platten mit Wasser leicht befeuchten, den Nudelteig über die Selleriemasse schlagen, so dass die Ränder aufeinanderliegen. Die Ränder gut zusammendrücken. Die halbrunden Taschen im kochenden Salzwasser ca. 4 Minuten kochen. Aus dem Wasser heben, abtropfen lassen und mit der Nussbutter glacieren. Für die Fülle den Sellerie grob würfeln und in der Milch weich dünsten. Den Sellerie abtropfen und mit Salz und Pfeffer abschmecken. Die Selleriemasse erkalten lassen.

3 *Gemüsevinaigrette*: Die Kartoffeln in einem Topf mit Wasser bzw. Selleriefond gut bedecken, würzen und weich kochen. Danach die restlichen Gemüse, das Öl und das angerührte Speisestärke zugeben und nochmals 2 Minuten köcheln.

4 Für die Nussbutter die Butter in einer kleinen Kasserolle oder Sauteuse so lange erhitzen, bis die Butter eine leicht bräunliche Farbe annimmt (dann hat die Butter einen haselnussähnlichen Geschmack). Achtung, die Butter nicht zu lange erhitzen, sonst verbrennt sie und wird bitter. Den rohen Meerrettich schälen

und mit einem Messer oder einer Raspel über das Gericht hobeln.

5 *Anrichten:* Die Sellerietaschen in die Mitte des Tellers legen, die Zungenscheiben dazulegen, beides mit brauner Butter und Gemüsevinaigrette beträufeln, Meerrettich darüberhobeln. Nach Belieben mit Schnittlauchspitzen vollenden.

GUNTER EHINGER, Oberländer Weinstube, 76133 Karlsruhe

SUPPEN

Suppen

Brunnenkressesuppe mit Lachsscheibe

Für 2 Personen

- 75 g Brunnenkresse
- 10 g geklärte Butter
- 300 ml Kraftbrühe
- 1 kleine Zwiebel
- 1 rohe Kartoffel
- 200 g Sahne
- Salz, Pfeffer
- Muskatnuss
- 2 Scheiben Lachs à 25 g
- 1 EL geschlagene Sahne
- Brunnenkresseblätter als Garnitur

1 Geschnittene Zwiebel in Butter andünsten, die klein geschnittene Kartoffel dazugeben, mit Kraftbrühe auffüllen und ca. 10 Minuten kochen lassen, mit Sahne auffüllen, nochmals 5 Minuten kochen lassen. Dann die gewaschenen Brunnenkresseblätter zugeben, einmal kurz aufkochen und mit dem Pürierstab pürieren. Mit Salz, Pfeffer und Muskatnuss würzen, passieren und bereithalten.
2 Die Lachsscheibe auf ein gefettetes Blech legen, leicht salzen und ca. 2–3 Minuten im Ofen garen.

3 *Anrichten:* Brunnenkressesuppe aufkochen, kurz mit dem Pürierstab aufschäumen, die geschlagene Sahne zugeben, in tiefen Tellern anrichten, gegarte Lachsscheibe in die Suppe legen, mit den Brunnenkresseblättern garnieren und sofort servieren.

Tipp: Den Lachs beim Fischhändler schon in Scheiben schneiden lassen.

Martin Herrmann, Le Pavillon im Hotel Dollenberg,
77740 Bad Peterstal

Cappuccino von Blumenkohl, Curry und Kokos

Für 2 Personen

- ½ Blumenkohl
- 2 Schalotten
- ½ Knoblauchzehe
- 1 KL frischer Ingwer
- 10 g geröstete Kokosraspel
- 2 cl Noilly-Prat
- 0,5 l Geflügelbrühe
- 0,1 l Kokoscreme
- 1/16 l Sahne
- 1 Stk. Zitronengras
- Salz
- Honig
- Sojasauce
- Kurkuma
- Thai-Currypaste
- Pflanzenöl

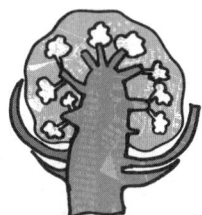

1 Blumenkohl, Schalotten, Ingwer, Knoblauch klein schneiden und in Pflanzenöl anschwitzen. Kokosraspel zufügen und würzen, mit Noilly-Prat ablöschen. Flüssigkeit wegreduzieren und mit Geflügelbrühe auffüllen. Auf 2/3 reduzieren und klein geschnittenes Zitronengras zugeben. Jetzt mit Kokoscreme und Sahne auffüllen sowie mit den restlichen Zutaten abschmecken.

2 Einmal aufkochen, mixen und danach passieren (beim Passieren Kokosflocken gut ausdrücken, sonst geht zu viel Suppe verloren).

3 Suppe in einer Kaffeetasse mit Milchschaum anrichten.

Tipp: Als Beilage eignet sich alles, was aus dem Meer kommt. Mein Favorit sind Scampi, einfach gebraten oder als kleine Frühlingsrolle mit etwas Korianderdip.

RALF ZACHERL, www.ralf-zacherl.de

Curry-Lauchsuppe mit Kokosmilch und Jakobsmuscheln

Für 2 Personen

- 1 Stange Lauch
- 2 cl Sesamöl
- 4 cl Weißwein
- 0,3 l Fischfond
- 0,1 l Kokosmilch
- Currypaste
- 5 cl Schlagsahne
- Salz
- Pfeffer
- 2 Jakobsmuscheln
- 1 cl Sesamöl

1 Eine Lauchstange halbieren, waschen und den grünen Teil entfernen. In feine Streifen schneiden und in etwas Sesamöl anschwitzen lassen, mit Weißwein ablöschen und Fischfond zugießen. Ist der Lauch weich, gebe ich die Kokosmilch (im Asia-Laden erhältlich) etwas Currypaste sowie etwas Sahne dazu. Aufkochen lassen, mit Salz und Pfeffer abschmecken und im Mixer pürieren.

2 Die Jakobsmuscheln putzen und in Sesamöl kurz anbraten und in die Suppe geben.

ANDREAS DESCHAMPS, V.M.1, 64319 Pfungstadt

Suppen

Gazpacho vom Reisessig mit warmer Lauchsabayon

Für 2 Personen

- ½ l Geflügelbrühe
- 100 g Basmatireis
- 50 g Zucker
- 100 ml Milch
- 150 ml Wasser
- 70 ml Reisessig
- 50 ml Olivenöl
- 1,5 Zitronen für Saft
- 1 Spritzer Tabasco
- Salz

Lauchsabayon:
- 50 g grüner Lauch
- 30 g Wasser
- 30 ml Geflügelbrühe
- Salz
- 2 Eigelb

1 *Gazpacho:* Den Reis in einer Sauteuse anrösten, ohne Farbe zu geben. Mit der Hälfte der Milch und dem Wasser ablöschen und weich kochen. Den Reis mit der Geflügelbrühe und der restlichen Milch fein mixen, das Olivenöl zugeben und mit Zitronensaft fein passieren und auf Eis stellen.
2 *Lauchsabayon:* Den Lauch ein paar Sekunden in 30 g gesalzenes, kochendes Wasser geben und sehr fein mixen. Eigelb über einem Wasserbad schaumig schlagen. Das Lauchpüree langsam

in das Eigelb gießen, ohne dabei mit dem Aufschlagen aufzuhören. Bei mittlerer Stärke weiterschlagen, bis die Sabayon leicht und schaumig wird.

3 *Anrichten:* Die Gazpacho eiskalt in vorgekühlte Schälchen füllen, etwas gekochten Reis zugeben und die warme Lauchsabayon darübergießen.

Mein Tipp: Sehr gut eignen sich auch kurz angebratene provenzalische Gemüse als Einlage in die Gazpacho.

JÖRG SACKMANN, Gourmetrestaurant Schlossberg
im Hotel Sackmann, 72270 Baiersbronn

Scharfe Gemüsesuppe

Für 2 Personen

- 250 g festkochende Kartoffeln
- 120 g Staudensellerie
- 250 g Möhren
- 50 g Zwiebeln
- 2 EL Olivenöl
- Salz
- Pfeffer
- 200 g geschälte Tomaten aus der Dose
- ½ l Brühe
- 4 Scheiben Vollkorntoast
- Tabasco
- Prise Zucker

1 Kartoffeln waschen und mit Schale ca. 20 Minuten kochen. Etwas abkühlen lassen. Staudensellerie putzen, waschen und in feine Scheiben hobeln oder schneiden. Möhren putzen, waschen und schräg in Scheiben schneiden.

2 Zwiebeln abziehen, fein würfeln und in heißem Olivenöl andünsten. Möhren und Staudensellerie zugeben, ca. 5 Minuten unter ständigem Rühren dünsten. Mit Salz und Pfeffer würzen.

3 Tomaten auf ein Sieb geben (Flüssigkeit dabei auffangen) und mit einem Löffel zerdrücken. Tomaten und Flüssigkeit zum Gemüse geben. Aufkochen. Brühe zugießen und bei geringer Hitze 10–15 Minuten köcheln lassen. Kartoffeln pellen und in kleine Würfel schneiden. Ca. 5 Minuten vor Ende der Garzeit in die Suppe geben, untermischen und erhitzen.

4 Vollkorntoast in kleine Würfel schneiden und im restlichen Öl ca. 4 Minuten goldbraun braten. Herausnehmen und auf ein Stück Küchenpapier geben, damit die Brotwürfel nicht nachbräunen und überschüssiges Fett aufgesogen wird. Suppe mit Tabasco, Salz, Pfeffer und Zucker kräftig abschmecken.

Geröstete Brotwürfel dazu reichen.

MARIO KOTASKA, La Societé, 50674 Köln

Suppen

Kalte Kartoffel-Lauchcreme

mit Liebstöckel und warm geräuchertem Saiblingsfilet

Für 2 Personen

- 2 frische Saiblingsfilets (rechtzeitig vorbestellen)
- 80 g Buchenholzmehl
- 4 getrocknete Fenchelzweige
- 6 Wacholderbeeren
- Salz
- Pfeffer (aus der Mühle)

Kartoffel-Lauchcreme:
- 100 g mehlige Kartoffeln
- 3 dl heller Geflügelfond
- 5 cl trockener Weißwein
- ½ Stange Lauch
- 1 EL Blattpetersilie, grob gehackt
- 1 EL Kerbel, grob gehackt
- 1 Liebstöckelzweig
- 150 g Crème fraîche oder Sauerrahm
- 1 TL weißer Balsamicoessig
- 1–2 Spritzer Tabasco
- Salz

Garnitur:
- Crème fraîche
- violetter Senf

Wacholderöl:
- 6 schwarze Pfefferkörner
- 8 Wacholderbeeren
- 1 TL Wacholderbrand
- 2 EL Distelöl

Suppen

1 Die Kartoffeln schälen, klein würfeln, mit Geflügelbrühe und Weißwein ca. 8 Minuten kochen. Den Lauch der Länge nach aufschneiden, gut waschen, fein schneiden und zum Kartoffelfond geben. Weitere 15 Minuten köcheln und zusammen mit den Kräutern im Mixer fein pürieren. Durch ein feines Sieb passieren und kühl stellen.

2 Crème fraîche und weißen Balsamicoessig unter die kalte Suppe rühren. Mit Tabasco und Salz abschmecken und bis zum Servieren kalt stellen.

3 Die Saiblingsfilets mit Haut zuschneiden, die Gräten ziehen und mit Salz und Pfeffer würzen. Wenn kein Räucherofen vorhanden ist, in einen flachen Topf Buchenholzmehl, klein geschnittene Fenchelzweigchen und Wacholderbeeren geben. Darüber ein rundes Küchengitter legen, die Fischfilets nach Wunsch mit Wacholderöl einpinseln und mit der Hautseite auf das Gitter platzieren. Mit dem Topfdeckel oder gut verschlossen mit Alufolie auf der Herdplatte etwa 10–12 Minuten gar räuchern.

4 *Anrichten:* Zum Servieren die Kartoffelcreme auf zwei kalte Teller dünn auftragen. Innerhalb des Randes je einen Faden von Crème fraîche und violettem Senf mit einer Papiertüte aufspritzen und mit einem Holzspieß schön als Muster ausziehen. Lauwarme, saftig geräucherte Fischfilets aufsetzen und nach Wunsch mit gerösteten Kartoffelwürfeln servieren.

5 *Wacholderöl:* Die Körner zerdrücken, mit den anderen Zutaten gut vermischen und einen Tag abgedeckt ziehen lassen.

DIETER MÜLLER, Restaurant Dieter Müller im Schlosshotel Lerbach,
51465 Bergisch Gladbach

Suppen

Sellerieschaumsuppe

mit Bratapfel, grünem Apfelsorbet und Kresse

Für 2 Personen

Suppe:
- 10 g Butter
- 35 g Zwiebeln
- 120 g Sellerieknolle
- Salz
- Pfeffer
- etwas Zucker
- 20 ml Weißwein
- 500 ml Gemüsebrühe
- 100 ml Sahne

Bratapfel:
- 2 Äpfel (Granny Smith)
- etwas Pflanzenöl

Sorbet:
- übrig gebliebene Apfelstücke
- 10 g Ascorbinsäure
- 100 g Läuterzucker
- 120 g Wasser
- Saft von 1 Limette
- Gartenkresse

1 *Suppe:* Die Zwiebel und die Sellerie in kleine Würfel schneiden. Die Butter in einem Topf erwärmen, Zwiebel und Sellerie darin vorsichtig andünsten. Mit Salz, Pfeffer und Zucker würzen und leicht karamellisieren lassen. Mit dem Weißwein ablöschen, mit der Brühe auffüllen und ca. 30 Minuten langsam kochen lassen. Die Sahne beigeben, nochmals etwas kochen lassen und danach pürieren. Durch ein feines Sieb passieren, gegebenenfalls nachwürzen.

2 *Bratapfel:* Aus je einem Apfel einen Ring mit einer Stärke von 0,5 cm Dicke schneiden und mit einem Ausstecher das Kernge-

häuse entfernen. Die Apfelringe nun in einer heißen Pfanne mit etwas Öl von beiden Seiten leicht goldbraun braten (die Äpfel dürfen dabei nicht zu weich werden, sie müssen später auf dem Glasrand liegen können). Die Ringe aus der Pfanne nehmen, auf einem Küchentuch leicht trocknen und zur Seite stellen.

3 *Sorbet*: Die restlichen Äpfel mit den anderen Zutaten sehr fein mixen und das Ganze in der Eismaschine einfrieren.

4 *Anrichten*: Die heiße Suppe mit einem Mixstab aufmixen und in vorgewärmte Gläser füllen. Den Bratapfelring auf den Glasrand legen. Vom Sorbet Kugeln oder Nocken abstechen und auf den Apfelring setzen. Frische Gartenkresse als Garnitur auf das Sorbet geben.

Meine Gedanken: Durch den aufsteigenden Dampf der Suppe und die Wärme des Bratapfelrings beginnt das Sorbet zu schmelzen und tropft in die Suppe. Das Ergebnis ist ein Sellerieapfelsüppchen, also ein Klassiker, der aber auf eine neue Art und Weise präsentiert wird. Durch die frische Kresse gewinnt das Gericht noch an feiner Schärfe.

Thomas Kahl, Le Val d'Or in Johann Lafers Stromburg, 55442 Stromberg

KirschTomatenMelange

Für 2 Personen

- 150 g halbierte Kirschtomaten
- 50 g Olivenöl (kalt gepresst)
- 25 ml Tomatenessig
- 20 g Rohrzucker
- 250 ml Tomatensauce
- ½ Knoblauchzehe, fein geschnitten
- 1 Schalotte, fein geschnitten
- 1 TL gezupfter Thymian
- 1 TL gezupfter Rosmarin, fein geschnitten
- 1 TL Basilikum, nudelig geschnitten
- 1 TL grobes Meersalz
- Pfeffer (aus der Mühle)
- 2 Ciabattabrote

1 Bis auf die Kirschtomaten und das Olivenöl alle Zutaten in einen Topf geben und auf 40 °C erhitzen. Den Topf von der Hitze nehmen und die Kirschtomaten sowie das Olivenöl zufügen.
2 Dazu reichen Sie Ciabattabrot. Am besten schmeckt das Brot, wenn Sie es bei 200 °C ca. 3–5 Minuten knusprig backen.

ALEXANDRO PAPE, Hotel & Restaurant Fährhaus, 25980 Sylt

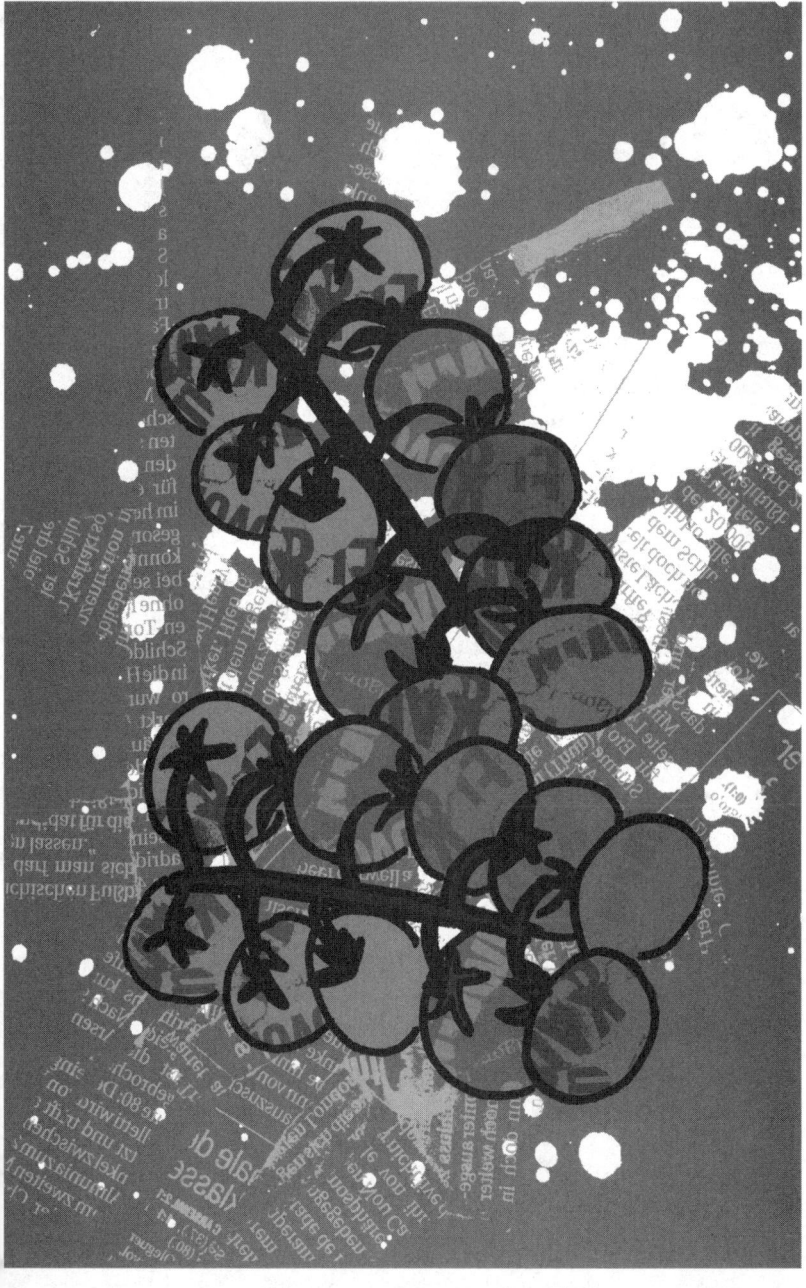

Rahm von Bärlauch mit Lachs

Für 2 Personen

- 60 g frischer Lachs
- 350 g Geflügelbrühe
- 100 g Schlagsahne (30 %)
- 50 g Butter
- 50 g Schmand (24 %)
- 75 g weichkochende Kartoffeln
- 200 g frischer Bärlauch aus dem Wald (wächst Ende März bis April)

1 Die Geflügelbrühe ca. 10 Minuten reduzieren lassen, dann die Sahne dazugeben und einmal aufkochen lassen. Das Ganze mit etwas Salz, Pfeffer, Muskatnuss, Kümmel und einer Spur Zucker abschmecken.

2 Den Bärlauch in feine Streifen schneiden und in die heiße Suppe geben, mit einem Pürierstab pürieren. Noch einmal aufkochen lassen und anschließend die gekochten, durch die Presse gedrückten Kartoffeln zugeben. Sofort in ein frisches Sieb geben und gut durchdrücken. Diesen so gewonnenen grünen, sämigen Sud wieder aufs Feuer stellen und mit Butter und Schmand aufmontieren – gegebenenfalls noch einmal nachschmecken und mit dem Pürierstab aufschäumen.

3 Die Suppe in heiße, tiefe Teller füllen, den in dünne Scheiben geschnittenen Lachs auf die heiße Suppe legen und mit etwas übrig gelassenem Bärlauch bestreuen.

STEPHAN SCHILLING, Schillingshof, 37133 Friedland

Suppen

Schaumsuppe von jungen Möhren mit frischem Koriander

Für 2 Personen

- 250 g Möhren, geschält und gewürfelt
- 1 Schalotte, geschält und gewürfelt
- 5 g Ingwer, frisch geschält und in feine Scheiben geschnitten
- 30 ml Weißwein
- 200 ml Geflügel- oder Gemüsebrühe
- 120 ml Schlagsahne
- Salz
- Pfeffer
- Zucker
- Muskatnuss
- Pflanzenöl
- Koriander

1 Karotten, Schalotten, Ingwer in Öl farblos anschwitzen. Mit Weißwein ablöschen, mit Brühe auffüllen und auf die Hälfte einkochen. Mit Sahne auffüllen, aufkochen und mixen.
2 Durch ein feines Sieb passieren. Mit Salz, Pfeffer, einer Prise Zucker und der frisch geriebenen Muskatnuss abschmecken. Mit frischen Korianderblättern garnieren.

HANS HORBERTH, Restaurant Villa Merton
im Union International Club, 60487 Frankfurt/Main

FISCH

mit Majoran sautierte Eglifilets

auf Gartenbuschbohnen-Eintopf

Für 2 Personen

Eglifilets:

- 4 Eglifilets
- Salz, Pfeffer (aus der Mühle)
- Majoran
- 40 g weiche Butter
- Rapsöl
- ½ Zitrone

Kartoffel-Knoblauch-Stock:

- 2 Zehen junger Knoblauch
- 100 ml Milch
- 120 g gekochte Pellkartoffeln
- 30 g Butter
- 50 g Sahne
- Salz

Gartenbuschbohnen-Eintopf:

- 200 g Gartenbuschbohnen
- 50 g Zwiebeln
- 100 g Kartoffeln
- Salz
- ½ Bohnenkrautzweig
- ½ Majoranzweig
- 30 g Butter
- 150 g Sahne
- 250 ml Rinderbrühe
- ½ Lorbeerblatt
- 50 g Landspeck in Scheiben
- weißer Pfeffer
- 50 g Créme fraîche

1 Die Filets mit einer Pinzette von den letzten kleinen Gräten befreien, mit Zitronensaft marinieren, würzen und auf beiden Seiten in Rapsöl anbraten. Die weiche Butter sowie Majoran hinzugeben, immer wieder mit einem Löffel den Fisch übergießen.

2 Von den Knoblauchzehen die äußere Schale entfernen. Die Zehen mit Milch bedecken, aufkochen, herausnehmen und kalt abspülen. Diesen Vorgang 3- bis 4-mal in jeweils neuer Milch wiederholen, damit der Knoblauch seine Schärfe verliert. Den Knoblauch, die Hälfte der gekochten und gepellten Kartoffeln und die zimmerwarme Butter mit dem Stabmixer pürieren. Die Sahne aufkochen. Die restlichen Kartoffeln durch ein Sieb streichen und mit der heißen Sahne verrühren. Abschließend das Knoblauchpüree unterheben, gut verrühren und mit Salz abschmecken.

3 Die Bohnen putzen, waschen und in kleine Stücke schneiden. Die Zwiebeln abziehen und klein würfeln. Die Kartoffeln waschen, schälen in ca. 8 mm große Würfelchen schneiden und in etwas kochendem Salzwasser ca. 2 Minuten blanchieren. Bohnenkraut und Majoran waschen und trocken schütteln. Die Butter schmelzen, die Zwiebeln darin anschwitzen und die Bohnen dazugeben. Sahne und Brühe zugießen und aufkochen lassen. Kartoffeln, gekochtes Bohnenkraut und Majoran beifügen, einkochen lassen. In der Zwischenzeit den Landspeck in einer Pfanne ohne Fettzugabe knusprig braten. Den Eintopf mit Salz und Pfeffer würzig abschmecken und die Crème fraîche unterziehen.

4 *Anrichten:* Den Eintopf in einem Schiffchen (Teller) anrichten. Mit dem Kartoffelstock auf dem Gemüse eine Rosette ziehen und die kross gebratenen Felchenfilets leicht an das Püree andrücken. Mit dem krossen Landspeck und einem Majoransträußchen ausgarnieren.

JOHANNES WUHRER, Falconera, 78337 Öhningen

Kabeljau auf Erbsenpüree

mit Westfälischem Schinken und Sauce Bourride

Für 2 Personen

- 200 g filetierter Kabeljau (dänischer)
- 60 g Schinken-Abschnitte vom Westfälischen Schinken
- 1 mehligkochende Kartoffel
- 1 Tomate
- ¼ Fenchel
- 30 g Zwiebeln
- 3 Basilikumblätter
- 1 Thymianzweig
- ½ Knoblauchzehe
- ¼ Chilischote
- ½ Lorbeerblatt
- 5 cl Olivenöl
- 30 g Salzbutter
- Cayennepfeffer
- 0,25 l Geflügelbrühe
- 50 g Enoki-Pilze, gehackt
- 20 g Schnittlauch
- 3 cl Olivenöl
- 1 Spritzer Weinessig

- ½ KL Honig-Knoblauchsenf
- 1 Zitrone
- Fleur de Sel
- 2 cl Olivenöl
- 100 g frische Erbsen
- 1 cl Olivenöl
- 20 g Salzbutter
- 30 g Westfälischer Schinken, fein geschnitten

Sauce:

- ½ rote Paprikaschote
- 1 Schalotte
- ¼ Chilischote
- 1 cl Noilly-Prat
- 0,1 l Krustentierfond
- ¼ mehligkochende Kartoffel
- 30 g Salzbutter
- 2 EL Olivenöl

Fisch

1 *Schinkenfond:* Die Schinkenabschnitte mit dem Knoblauch bei mittlerer Hitze in Olivenöl anbraten, Fenchel und Zwiebeln hinzufügen und weiterbraten. Die klein geschnittene Tomate, Basilikum, Thymian und Chilischote sowie das Lorbeerblatt hinzufügen. Mit Geflügelbrühe auffüllen und leicht köcheln lassen. Thymian, Lorbeerblatt und Knoblauch entfernen und die Sauce im Mixer pürieren, die rohe Kartoffel hineinreiben, noch einmal etwas köcheln lassen. Wieder passieren und durch ein feines Sieb streichen, die Butter und das Olivenöl hineinmixen. Mit Fleur de Sel und Pfeffer abschmecken.

2 Aus den gehackten Enoki-Pilzen, dem Schnittlauch, den 3 cl Olivenöl, dem Weinessig sowie dem Honig-Knoblauchsenf eine Vinaigrette rühren.

3 *Sauce:* Die Schalotte fein würfeln und mit dem Noilly-Prat auf die Hälfte einreduzieren. Die gewürfelte Paprikaschote hinzugeben, mit dem Krustentierfond auffüllen und einreduzieren lassen. Die Kartoffel hineinreiben, köcheln lassen und durch ein Sieb gießen. Chilischote, Salzbutter und Olivenöl vermengen und die Sauce damit aufmixen.

4 Den Kabeljau in zwei Portionen tranchieren, mit Olivenöl, Fleur de Sel und Zitronensaft würzen und einzeln vakuumieren. Bei 70 °C im Wasserbad pochieren, aus dem Vakuumbeutel herausnehmen, die Haut abziehen und abtrocknen. Anschließend mit dem Schinkenfond übergießen und bei 150 °C Oberhitze 2 Minuten durchziehen lassen. Mit den restlichen Streifen vom Schinken bedecken und die Vinaigrette darübergießen.

5 Die Erbsen im Salzwasser weich kochen, abgießen und mit etwas Olivenöl und Salzbutter zu einem cremigen Püree mixen,

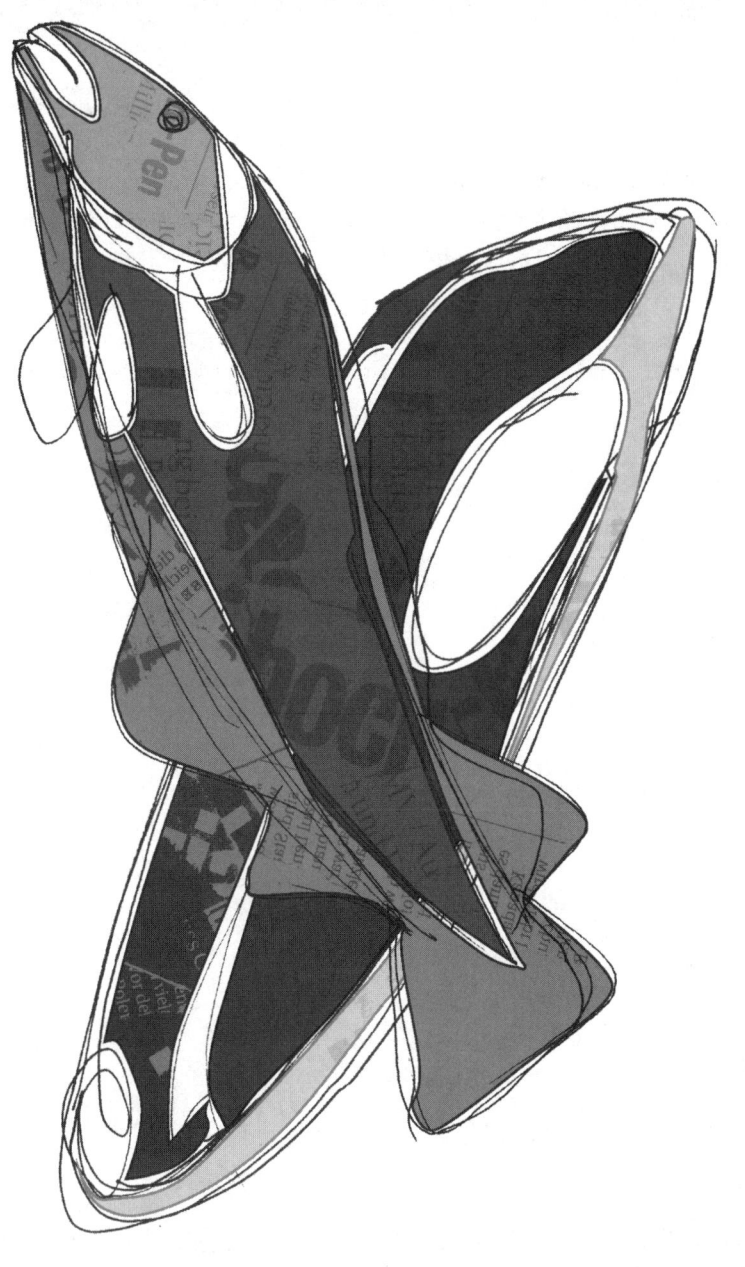

durch ein feines Sieb streichen und die Hälfte des Schinkens hinzugeben.

6 Das Erbsenpüree auf dem Teller als runden Kreis verteilen und den Kabeljau daraufsetzen. Mit der Sauce Bourride umgießen. Noch einen Faden rohes Olivenöl über den Kabeljau geben.

RAFFAELLE CANNIZZARO, Schwarzenstein
im Hotel Burg Schwarzenstein, 65366 Geisenheim-Johannisberg

gegrillter Kabeljau

mit Kartoffel-Knoblauch-Püree

Für 2 Personen

- 250 g dickes Kabeljaufilet, aus der Mitte geschnitten
- 50 g Knoblauchzehen
- Olivenöl
- Weißweinessig
- 180 g Kartoffeln
- frisch gemahlener schwarzer Pfeffer
- 30 g Essiggurken mit etwas Sud
- 70 g schwarze Oliven
- 70 g Kapern mit etwas Sud
- 1 EL gehackte Petersilie

1 Den Fisch in 2 gleich große Stücke schneiden, mit Wasser bedecken und zum Entsalzen 48 Stunden stehen lassen. Wasser 2-mal am Tag wechseln.
2 Die Knoblauchzehen zum Marinieren schälen und in ein paar Esslöffeln Olivenöl goldgelb braten. Herausnehmen, in ein Schraubglas füllen und mit 2 Teilen Öl und 1 Teil Essig bedecken. Ebenfalls 48 Stunden stehen lassen.
3 Die Kartoffeln mit der Schale 45–60 Minuten im Ofen bei 180 °C backen, bis sie weich sind. Die Schale aufritzen, das Fleisch herauslösen und mit etwas Olivenöl und schwarzem Pfeffer zu einem weichen Püree verarbeiten.

4 Den Fisch aus dem Wasser nehmen und mit Küchenpapier trocken tupfen. Die Stücke mit Olivenöl bestreichen und auf Alufolie unter den heißen Grill schieben, so lange grillen, bis die Oberseite goldbraun ist. Die Hitze reduzieren und den Fisch weitergrillen, bis er gar ist. Den Fisch aus dem Ofen nehmen und auf dem Püree anrichten.
5 In dem Olivenöl Kapern, Essiggurken und Sud sowie Oliven mit der gehackten Petersilie erhitzen, über den Fisch geben und sofort servieren.

HARALD WOHLFAHRT, Schwarzwaldstube im Hotel Traube Tonbach, 72270 Baiersbronn

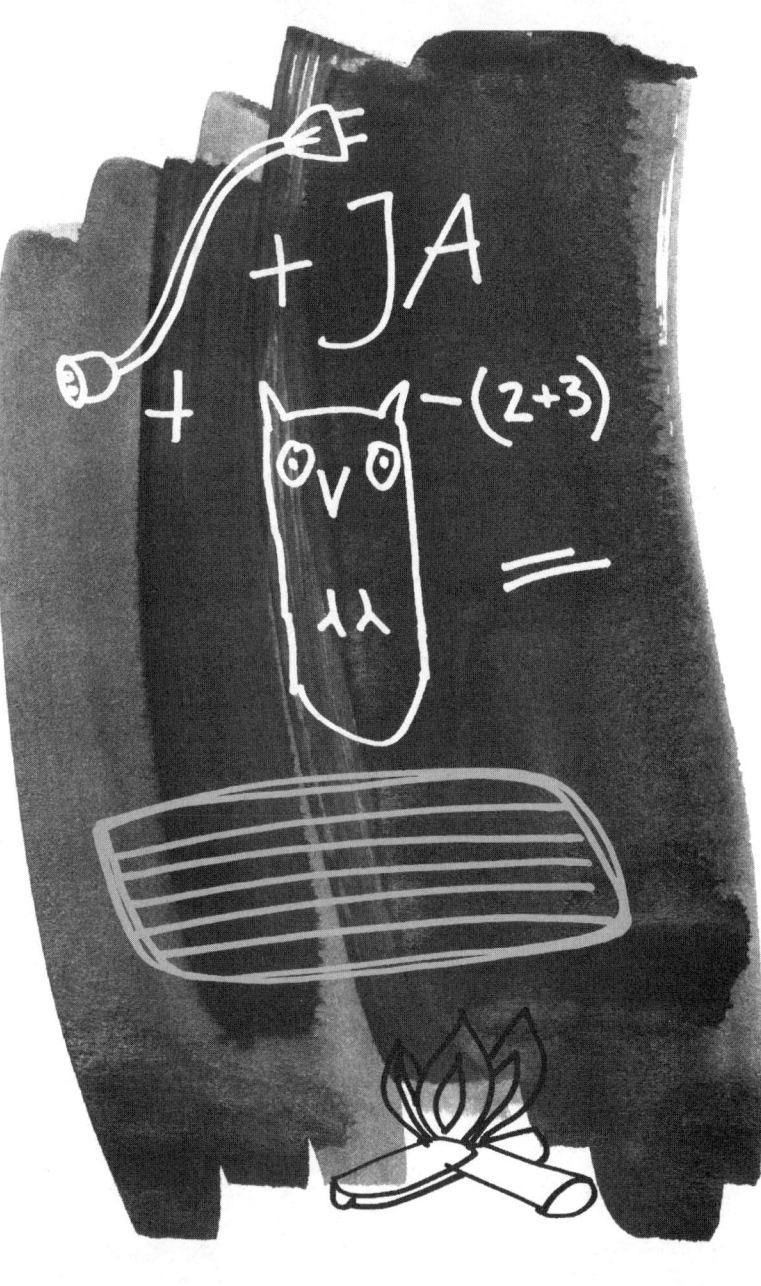

Roulade von der Lachsforelle

auf jungem Stielmusschaum

Für 2 Personen

Fischfarce:
- 60 g Fischfilet
- 40 g Schlagsahne
- 2 Eier
- Salz
- Pfeffer
- Nouilly-Prat

Spinatmatte:
- 250 g Spinat
- 200 g Lachsforelle

Stielmusschaum:
- 1 Bd. Stielmus
- 25 g Speck(schwarte)
- 3 Schalotten
- 1 Knoblauchzehe
- 1 Thymianzweig
- 1 EL Crème fraîche
- 50 ml Sahne
- 2 Kartoffeln
- 125 g Geflügelbrühe
- Salz
- Pfeffer
- Noilly-Prat

Kartoffel-Speckpüree:
- 200 g Kartoffeln
- 30 g Milch
- 30 g Schlagsahne
- 30 g Speck
- Salz
- Pfeffer
- Butter

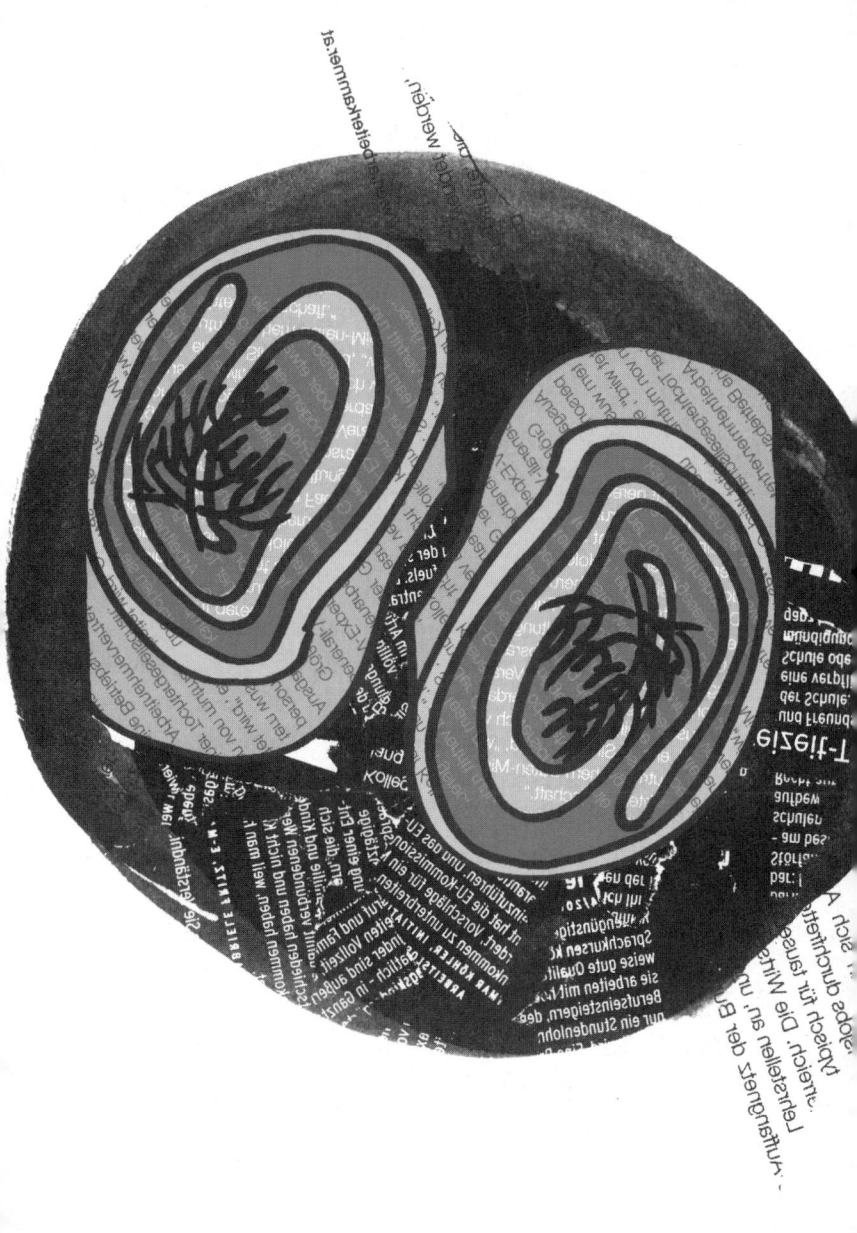

Fisch

1. *Fischfarce:* Das Fischfleisch fein hacken, kurz anfrieren, dann mit einem Mixer zu einer homogenen Masse verarbeiten. Wenn die Masse glänzt, die Eier dazugeben, zum Schluss Sahne hinzufügen. Ist die Farce glatt und glänzend, durch ein Sieb streichen. Abschmecken mit Salz, Pfeffer und Noilly-Prat.
2. *Spinatmatte:* Spinat waschen, kurz überkochen und auf einer Klarsichtfolie auslegen. Die Lachsforelle von der Haut ziehen und portionieren. Die Spinatmatte mit Farce dünn bestreichen, das Fischfilet darauflegen und ebenfalls mit Farce bestreichen, in der Folie einwickeln. In Alufolie einwickeln und im Wasserbad bei 82 °C pro 1 cm Dicke 3 Minuten langsam garen.
3. *Stielmusschaum:* Die Schalotten und den Speck in Margarine glasig dünsten. Den Thymianzweig, Knoblauchzehe und die geschälten, gewürfelten Kartoffeln hinzugeben und mitdünsten. Mit Geflügelbrühe ablöschen. Die Kartoffeln gar kochen. Zum Schluss mit Sahne und Crème fraîche auffüllen. Den Stielmus klein schneiden, kurz blanchieren und in den Saucenansatz geben. Den Thymianzweig und die Speckschwarte herausnehmen. Einmal aufkochen, mixen und passieren. Mit Salz, Pfeffer, Noilly-Prat würzen.
4. *Kartoffel-Speck-Püree:* Kartoffeln schälen, klein schneiden, kochen. Milch und Sahne ansetzen und den Speck darin auskochen. Die fertigen Kartoffeln durch eine Presse drücken und mit der Sahne-Milch-Mischung und Butter glatt rühren. Mit Salz, Pfeffer abschmecken.
5. Die Roulade von der Lachsforelle in Portionen schneiden und auf dem jungen Stielmus anrichten.

JENS BOMKE, Ringhotel Bomke, 59329 Wadersloh

poëliertes Lachsforellenfilet

mit Kartoffel-Lauchmousseline

Für 2 Personen

Lachsforellenfilet:
- 120 g Lachsforellenfilet
- 1 Prise Fleur de Sel
- abgeriebene Schale von 1 Zitrone
- Olivenöl

Kartoffel-Lauchmousseline:
- 3 mehligkochende Kartoffeln
- 80 ml Schlagsahne
- 80 ml Milch
- 30 g Butter
- Salz
- Muskatnuss
- 1 Stange Lauch
- 0,2 l Geflügelbrühe
- 60 g Bauernspeck

Saure Marille:
- 4 Marillen
- 150 ml Estragonessig
- 300 g Zucker
- 1 Zimtstange
- 4 Nelke
- 2 Sternanis
- etwas Zitronensäure

1 Lachsfilet würzen, mit Olivenöl im Ofen bei 90 °C gar ziehen lassen.
2 *Kartoffel-Lauchmousseline:* Lauch in Geflügelbrühe garen, in Eiswasser abschrecken und pürieren. Mit den gekochten und pürierten Kartoffeln vermischen. Milch und Sahne aufkochen und

mit der Kartoffelmasse zu einer cremigen Konsistenz verrühren. Mit Salz und Muskatnuss abschmecken.
3 Den Bauernspeck dünn aufschneiden und im Backofen bei 60 °C über Nacht trocknen lassen.
4 Für die Marillen alle Zutaten aufkochen lassen, die halbierten und entkernten Marillen einlegen und erkalten lassen.

ROLAND BEHRENS, Genießerhotel Almhof Rupp,
87567 Riezlern/Kleinwalsertal

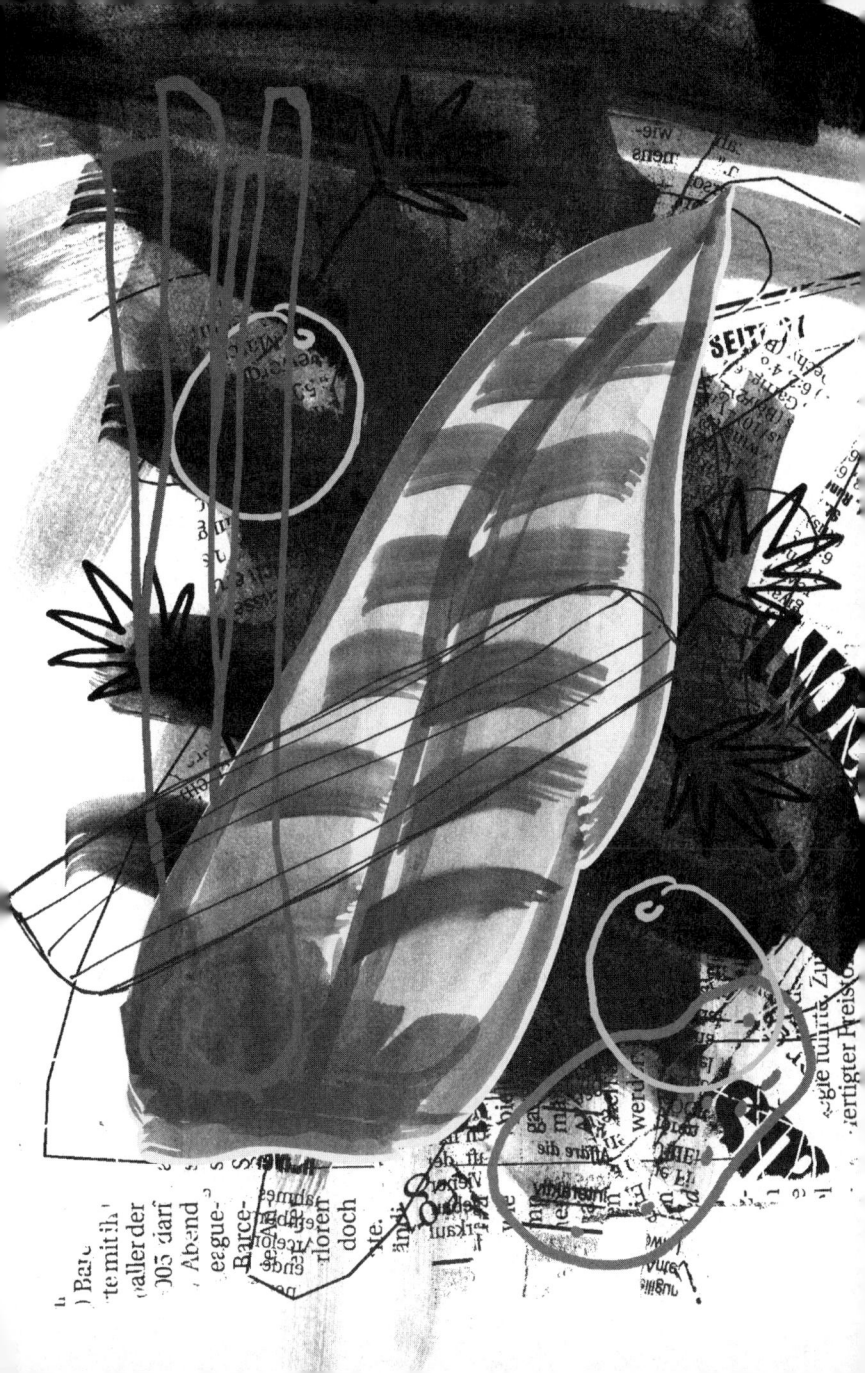

Fisch

Gebratenes Makrelenfilet mit Kirschen und Pfifferlingen

Für 2 Personen

- 2 Makrelenfilets à 80 g
- 100 g Süßkirschen
- 25 g Zucker
- 0,1 l Kirschsaft
- ¼ Vanilleschote
- ¼ Zimtstange
- 5 g Weizenstärke
- 100 g Pfifferlinge
- 30 g Butter
- ½ Rosmarinzweig
- ½ Thymianzweig
- ½ Knoblauchzehe
- gehackte Petersilie
- 0,1 l Riesling
- 0,1 l Weißweinsauce
- 30 g Butter
- Öl
- Salz
- Pfeffer
- Mehl

1 Die Kirschen waschen und entsteinen. Den Zucker in einem Topf erhitzen, bis er eine goldgelbe Farbe hat. Mit Kirschsaft ablöschen. Das Mark der Vanilleschote und die Zimtstange zugeben. Den Fond auf die Hälfte reduzieren. Die Stärke mit etwas Kirschsaft verrühren und den Fond damit abbinden. Den Sud durch ein Sieb auf die entsteinten Kirschen passieren und nochmals aufkochen. Mit Salz abschmecken.

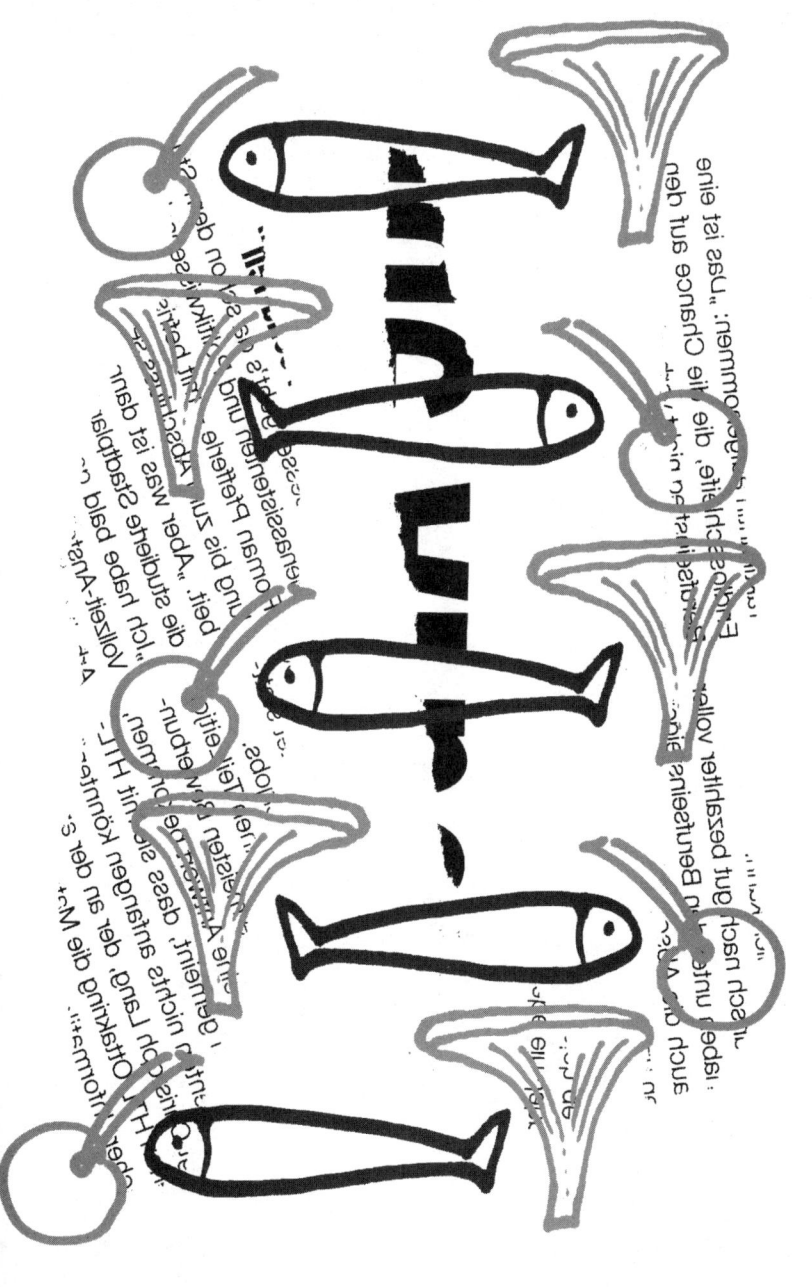

Fisch

2 Die Pfifferlinge putzen und evtl. klein schneiden, in Butter anbraten und den Rosmarinzweig, den Thymianzweig und die Knoblauchzehe dazugeben. Mit Salz und Pfeffer abschmecken – zum Schluss die Kräuter entfernen und die gehackte Petersilie zu den Pfifferlingen geben.

3 Die Makrelenfilets mit Salz würzen und in Mehl wenden. Gut abklopfen und in Öl goldbraun anbraten. Den Riesling in einem Topf auf die Hälfte reduzieren und die Weißweinsauce dazugeben. Mit kalter Butter aufmontieren.

4 Kirschen mit etwas Fond in die Mitte des Tellers geben und das Makrelenfilet daraufsetzen. Jetzt die aufgeschäumte Sauce über den Fisch geben und die Pfifferlinge rundherum arrangieren.

THOMAS BALENSIEFER, Hotel & Restaurant Villa Hammerschmiede, 76327 Pfinztal

Strudel von Saibling und Renke

Für 2 Personen

- ½ Saibling
- 1 Renke
- Schlagsahne
- Salz
- Pfeffer
- Muskatnuss
- 1 großes Mangoldblatt
- 1 Blatt Frühlingsrollenteig
- 1 Eiweiß
- 2 EL Butterschmalz
- 1 Schalotte
- 1 KL Butter
- 0,1 l Weißwein
- 2 cl Noilly-Prat
- 0,1 l Fischfond
- 0,1 l Schlagsahne
- 1 KL Crème fraîche
- Salz
- Pfeffer
- 1 EL Forellenkaviar

1 Saibling und Renke filetieren und von Haut und Gräten befreien. Mit den Abschnitten, der Filetspitze und etwas Sahne, Salz, Pfeffer und Muskatnuss eine Farce bereiten.
2 Mangoldblatt waschen, blanchieren und in Eiswasser abschrecken.
3 Das Saiblingsfilet mit etwas Farce bestreichen, in das Mangoldblatt einhüllen und zwischen die Renkenfilets legen. Nochmals mit Farce bestreichen und anschließend dieses Päckchen in Frühlingsrollenteig, den man mit etwas Eiklar bestrichen hat,

einschlagen. In Butterschmalz goldgelb ausbacken und noch kurz in den Ofen bei 170 °C geben.

4 Schalotte fein schneiden, in Butter glasig werden lassen und mit Weißwein, Noilly-Prat und Fischfond (hergestellt aus den Fischgräten) auffüllen und zur Hälfte einkochen lassen. Zum Schluss Sahne und Crème fraîche einrühren und schaumig mixen. Mit Salz und Pfeffer abschmecken, je nach Wunsch Forellenkaviar hinzufügen und um den aufgeschnittenen Strudel anrichten.

MARKUS BISCHOFF, Bischoff am See, Restaurant – Bar – Hotel,
83684 Tegernsee

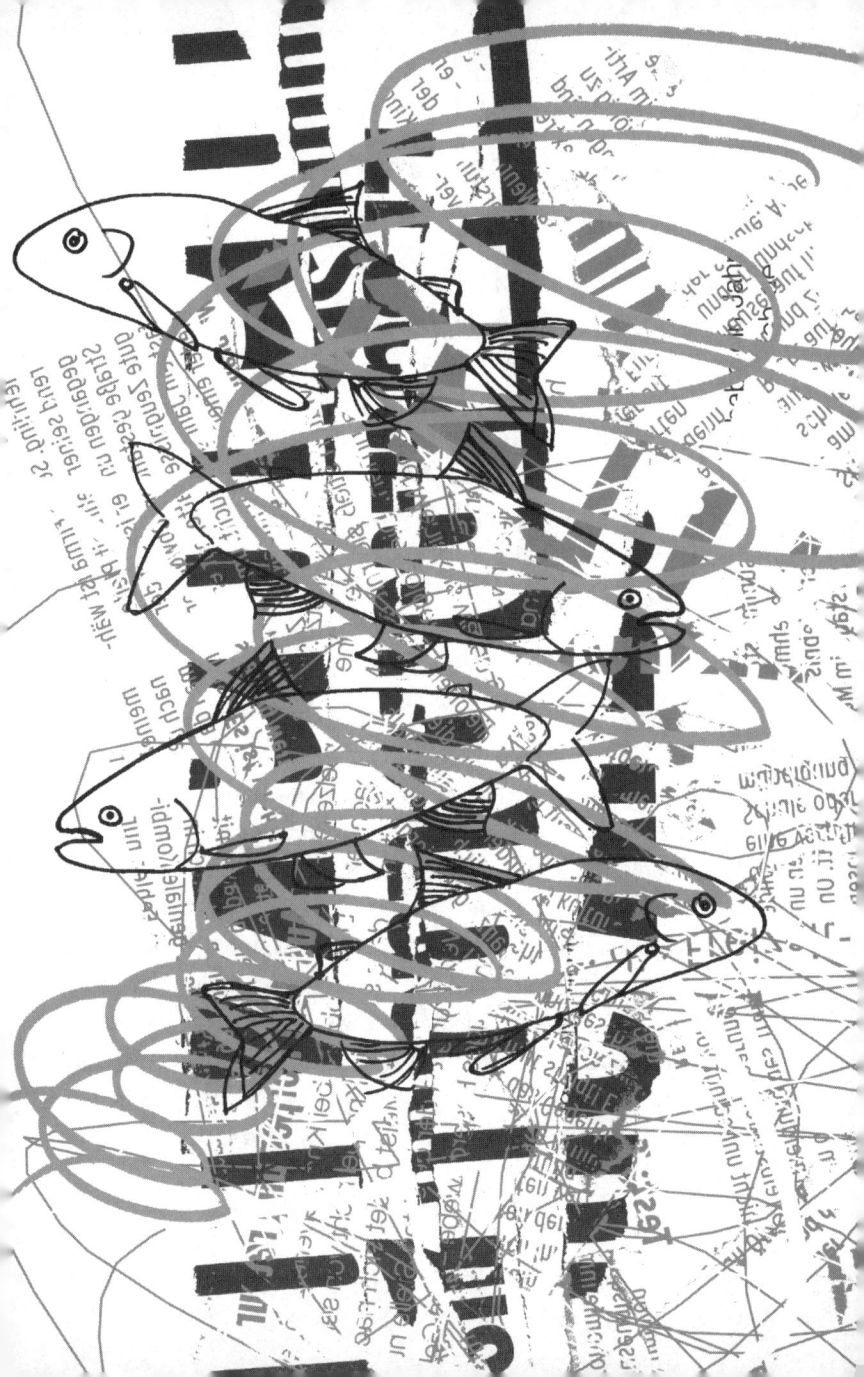

Schwarzwurzelsalat mit würzigem Öl und mit Rosmarin gespicktem Fisch

Für 2 Personen

- 120 g Fischfilet aus dem Tagesangebot (z. B. Dorsch, Zander)
- 300 g blanchierte Schwarzwurzeln
- 1 großer Zweig Rosmarin
- 20 g Mehl
- 2 cl Olivenöl
- Rosmarinöl
- Knoblauchöl
- weißer Balsamicoessig
- Salz
- Pfeffer
- Zitrone
- etwas Ackersalat
- Kirschtomaten

1 Das Fischfilet in 2 gleiche Stücke schneiden und mit Rosmarinnadeln spicken. Mit Salz, Pfeffer und Zitrone würzen. Die Stücke mehlieren und in Olivenöl kross anbraten. Wenden, kurz ziehen lassen und aus der Pfanne nehmen.
2 Die Schwarzwurzeln in schräge Scheiben schneiden und in ein flaches Gefäß geben. Mit Salz, Pfeffer, weißem Balsamicoessig, Rosmarin- und Knoblauchöl würzen. Erwärmen, damit die Würze einzieht, dann wie eine Blume anrichten. Mit Salat und Tomaten garnieren und die heißen Fischstücke daraufgeben.
3 Mit gebackenen Schwarzwurzelscheiben bestreuen.

THOMAS KRAUS, Schachener Hof, 88131 Lindau

FLEISCHLOS

Aubergine mit Thymian in Parmesan-Ei-Hülle

gebraten, auf geschmorten Tomaten mit Basilikum

Für 2 Personen

- 2 Auberginen
- 4 Thymianzweige
- 100 g geriebener Parmesan
- 4 Eier
- 1 EL Vollkornmehl
- Salz
- Pfeffer (aus der Mühle)
- 3 EL Butterschmalz zum Braten
- 4 reife Tomaten
- 1 Bd. Basilikum
- 4 Knoblauchzehen
- 2 EL Olivenöl zum Marinieren

1 Tomaten kurz in kochendes Salzwasser geben, sofort in Eiswasser abschrecken. Die Haut abziehen, vierteln, Kerne entfernen. Basilikumblätter ablesen. Basilikumstiele und angedrückte Knoblauchzehen auf ein Backblech setzen. Tomatenviertel darauflegen, mit etwas Olivenöl beträufeln und für eine Stunde in den 70 °C heißen Ofen schieben.

2 Auberginen waschen, in Scheiben schneiden, mit Thymianzweigen kurz in Butterschmalz anbraten, auskühlen lassen.
3 Parmesan und Eier verrühren, Auberginenscheiben mehlieren, Käse-Ei-Masse andrücken und in Butterschmalz goldgelb braten.
4 Aus den Basilikumblättern und dem Olivenöl ein Basilikumöl mixen.
5 Die Tomaten auf Tellern anrichten, die Auberginen daraufsetzen, mit Basilikumöl beträufeln und mit Basilikumblättern garnieren.

DETLEF SCHLEGEL, Stadtpfeiffer, 04109 Leipzig

Bohnen mit Tomatenkernen

Für 2 Personen

Bohnenfond und Bohnenöl:
- 2 Zwiebeln, geschält
- 300 g gelbe Bohnen
- 4 Bohnenkrautzweige
- 2 Lorbeerblätter
- 300 ml Sonnenblumenöl

Tomatenkerne:
- 12 kleine Tomaten
- Zimtöl
- Chiliöl

Spinatöl:
- 1 Zwiebel, geschält
- 1 Knoblauchzehe, geschält
- 60 g Butter
- 80 ml Sonnenblumenöl
- 100 g Spinat, geputzt
- Muskatnuss

Bohnensalat:
- 250 g Bohnen
- weißer Balsamicoessig
- Chiliöl

Zerdrückte Kartoffeln:
- 300 g kleine Kartoffeln (Sieglinde)
- 100 g Erbsen
- 1 walnussgroßes Stück geschälter Ingwer
- 2 EL Olivenöl
- 4 EL Sahne
- Salz
- Pfeffer

Fleischlos

1 *Bohnenfond und Bohnenöl:* Zwiebeln und gelbe Bohnen klein schneiden. Die Zwiebeln jeweils zur Hälfte in zwei Töpfen anschwitzen, Bohnen, Bohnenkraut und Lorbeer auch gleichmäßig auf beide Töpfe verteilen. Einen Topf mit 1 Liter Wasser auffüllen und ca. 1 Stunde köcheln, anschließend nochmals 6 Stunden ziehen lassen, dann durch ein Sieb gießen und in ein Glas füllen. Das restliche Öl in den zweiten Topf mit Bohnen geben und ziehen lassen.

2 *Spinatöl:* Die Zwiebeln und den Knoblauch fein schneiden, in der Butter und 30 ml Öl braun anschwitzen. Eine Hälfte des Spinats zugeben, mit geriebener Muskatnuss würzen. Wenn der Spinat zusammengefallen ist, alles auf ein gekühltes Blech geben und kalt stellen. Die andere Hälfte des Spinats kurz blanchieren, in Eiswasser abkühlen und gut ausdrücken. Beide Spinatzubereitungen mit dem restlichen Sonnenblumenöl mixen.

3 Kartoffeln kochen, pellen und zerdrücken. Erbsen blanchieren und mixen, den Ingwer fein reiben und mit Sahne und Olivenöl unter die Kartoffeln heben. Die Kartoffelcreme warm halten.

4 *Bohnensalat:* Die Bohnen in feine Streifen schneiden, weich kochen und mit einem Teil des Spinatöls, Salz, Pfeffer, Chiliöl und weißem Balsamicoessig als Salat abschmecken.

5 *Tomatenkerne:* Die Tomaten halbieren, die Tomatenkerne mit einem Teelöffel vorsichtig rauslösen und mit Zimtöl, Salz, Pfeffer und Chiliöl abschmecken. Den Bohnenfond erwärmen und mit einem Teil des Bohnenöls aufmixen. Die Gemüse übereinanderschichten: zuerst Kartoffeln, dann Bohnen und zum Schluss die Tomaten. Alles mit etwas Bohnenfond übergießen.

Andree Köthe, Essigbrätlein, 90403 Nürnberg

Grünkern-Risotto mit Waldpilzen und Blattpetersilie

Für 2 Personen

- 50 g kleine, ca. 2 mm große Gemüsewürfel (Karotte, Sellerie, Lauch)
- 40 g Butter
- 80 g Grünkern
- 100 g Waldpilze
- 2 cl Olivenöl
- ½ Lorbeerblatt
- ½ Knoblauchzehe
- 125 ml Weißwein
- 250 ml Geflügel- oder Gemüsebrühe
- Blattpetersilie
- Salz
- Pfeffer

1 Die kleinen Gemüsewürfel in Butter anschwitzen. Grünkern und das Lorbeerblatt dazugeben. Anschließend mit Weißwein ablöschen und mit der Brühe auffüllen. Alles ca. 2 Stunden köcheln lassen.
2 Zum Schluss mit etwas Butter abbinden, mit Salz und Pfeffer würzen sowie die Petersilie und die angebratenen, fein geschnittenen Pilze dazugeben.

JÖRG STEINBACH, Zirbelstube im Hotel Victoria, 97980 Bad Mergentheim

Fleischlos

Lasagne von Aubergine und Zucchini mit Basilikum-Ricottacreme

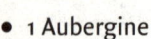

Für 2 Personen

- 1 Aubergine
- 1 Zucchini
- 2 EL Olivenöl zum Anbraten
- Salz
- Pfeffer
- 1 Rosmarinzweig
- 1 Thymianzweig
- 1 Knoblauchzehe
- 150 g Ricotta
- etwas Milch
- Basilikum
- 1 Salatkopf
- Vinaigrette
- fein gehackte Haselnüsse
- Mehl

1 Die Auberginen und die Zucchini werden quer auf einer Aufschnittmaschine in etwa 1 cm starke Scheiben geschnitten. Diese nun mehlieren und in einer Pfanne mit dem Rosmarin und Thymian goldbraun braten, zum Abtropfen auf ein Tuch legen. Dann mit etwas Salz und Pfeffer würzen.

2 In einer Schüssel den Ricotta, eventuell mit etwas Milch, glatt rühren, mit Salz, Pfeffer und dem fein gehackten Basilikum abschmecken. Nun 2 Auberginenscheiben auf ein Blech legen, dann etwas von der Ricottamasse aufstreichen, mit einer Zuc-

chinischeibe bedecken, wieder mit Ricottamasse bestreichen und so weiter. Zum Schluss die restlichen Auberginenscheiben obenauf setzen. Dieses Türmchen dann für 15 Minuten bei 120 °C im Backofen erwärmen.

Dazu passt ein Salat mit etwas Vinaigrette und Haselnüssen mariniert.

MATTHIAS BUCHHOLZ, First Floor im Hotel Palace, 10787 Berlin

Polenta-Törtchen auf griechischem Gemüse

mit Pimento-Sauce

Für 2 Personen

Polenta-Törtchen:
- 250 ml Milch
- 250 ml Gemüsebrühe
- Knoblauch
- Salz
- Pfeffer
- 140 g Polenta
- 2 Eigelb
- eingekochte Tomatensauce
- 4 EL Parmesan

Griechisches Gemüse:
- 2 Mini-Zucchini
- 4 Mini-Auberginen
- 4 Mini-Paprikaschoten
- 4 Mini-Artischocken
- 2 Mini-Fenchel
- 1 Tomate
- 1 Bleichsellerie
- 4 Perlzwiebeln
- 1 Knoblauch
- reichlich Olivenöl

Pimento-Sauce:
- 2 Schalotten
- 1 Knoblauchzehe
- 6 rote Paprikaschoten
- etwas Chilischote
- 1 Rosmarinzweig
- 1 Thymianzweig
- 1 EL geschälte Tomaten

Fleischlos

1 *Polenta-Törtchen:* Die Milch und die Brühe aufkochen. Gewürze zufügen und die Polenta einrieseln lassen, aufkochen und 15 Minuten im Ofen quellen lassen. Das Eigelb einrühren und die Masse mit einer Dicke von ca. 5 mm auf ein Blech aufstreichen. 6 Stunden durchkühlen lassen. Mit einem Ausstecher (∅ 6 cm) pro Person 3 Scheiben ausstechen. Die Polentascheiben übereinanderlegen und dazwischen die Tomatensauce geben. Den Deckel mit Eigelb bestreichen und mit Parmesan bestreuen. Die Törtchen in eine feuerfeste Form geben. Mit etwas Gemüsebrühe angießen und ca. 15 Minuten bei 180 °C im Ofen backen.

2 *Griechisches Gemüse:* Das Gemüse putzen und in eine gefällige Form schneiden. In reichlich Olivenöl mit Knoblauch anbraten und im Öl gar ziehen lassen. Schön zum Gemüse würde auch Auberginenpüree passen.

3 *Pimento-Sauce:* Die Paprikaschoten schälen und entkernen, in Stücke schneiden und im Ofen mit den Kräutern schmoren. Schalotten und Knoblauch in kleinste Würfel schneiden und in Olivenöl anschwitzen. Geschmorte Paprika und die Chilischote zufügen, die geschälten Tomaten zugeben und das Ganze einmal aufkochen lassen. Alles mit dem Mixer fein pürieren.

4 *Anrichten:* Die Pimento-Sauce kreisrund auf zwei Teller geben. Das Polenta-Törtchen daraufsetzen und das confierte Gemüse rundum legen.

Tipp: Wer nicht auf Fleisch verzichten möchte, kann zum Polenta-Törtchen gebratene Poulardenbrust servieren.

CHRISTIAN SCHARRER, Imperial im Schlosshotel Bühlerhöhe, 77815 Bühl

Fleischlos

Nudeln in Kürbiskernpesto mit getrockneten Tomaten

Für 2 Personen

Nudelteig:
- 100 g Mehl
- 1 Ei
- 1 Eigelb
- 1 EL Olivenöl
- Salz

Kürbiskernpesto:
- 50 g Kürbiskerne
- 1 kleine Knoblauchzehe
- 1 Msp. Senf
- 5 cl Kürbiskernöl
- Salz
- Pfeffer
- 40 g getrocknete Tomaten
- 0,1 l kräftige Rinderbrühe
- 2 Basilikumzweige

1 *Nudelteig:* Alle Zutaten miteinander vermengen und glatt kneten. In Folie einschlagen, mindestens 1 Stunde ruhen lassen. Dünn ausrollen, zu Nudeln schneiden und in kochendem Salzwasser al dente kochen. Kalt abschrecken.
2 *Pesto:* Die Kürbiskerne im Mixer zerkleinern, Knoblauch, Senf und das Kürbiskernöl dazugeben und laufen lassen, bis eine feine Masse entsteht. Mit Salz und Pfeffer würzen.
3 Getrocknete Tomaten in Würfel schneiden, mit der Rinderbrühe aufkochen, das Pesto dazugeben und die Nudeln darin warm schwenken. In Pastateller anrichten und mit Basilikumblättern garnieren.

Franz Hütter, »Zur Tant«, 51143 Köln

Fleischlos

Ravioli »Noci«

Für 2 Personen

Nudelteig:
- 200 g Mehl
- 50 g Hartweizengrieß
- 4 Eigelb
- 1 Vollei
- 1 KL Olivenöl
- Salz

Füllung:
- 15 g Walnüsse
- 60 g Mascarpone
- 1 KL Milch
- Salz
- weißer Pfeffer

Sauce:
- 100 ml Geflügelbrühe
- 50 g Butter

Garnitur:
- ½ Radicchio
- 50 g Parmesan

1 *Nudelteig:* Mehl und Grieß mischen, salzen und auf eine glatte Arbeitsfläche geben. In eine Vertiefung die Eier setzen. Das Olivenöl dazugeben und die Zutaten zu einem festen elastischen Teig verarbeiten. Den Nudelteig in Folie einschlagen und kühl stellen. So hält er sich 2–3 Tage. Mit der Nudelmaschine aus dem Nudelteig hauchdünne Bahnen (Stärke 0,5–1 mm) rollen und auf einem großen Holzbrett auslegen. Die Teigfläche mit einem geschlagenen Eigelb bepinseln. Die Füllung in einen Spritzsack geben und haselnussgroße Nocken im Abstand von 4 cm auf den Teig setzen. Das Ganze mit einer zweiten Teigplatte abdecken. Rundum die Nocken gut festdrücken, ohne

Fleischlos

den Teig einzureißen. Mit einem Förmchen Ravioli ausstechen. In reichlich siedendem Salzwasser ca. 4 Minuten garen.

2 *Füllung:* Die Walnüsse grob hacken, mit dem Mascarpone und der Milch zu einer glatten Masse rühren. Mit Salz und weißem Pfeffer abschmecken.

3 *Sauce:* Die Geflügelbrühe und die Butter unter ständigem Rühren zu einer sämigen Sauce einkochen.

4 *Garnitur:* Den Radicchio säubern, den Strunk herausschneiden und den Kopf mit einem scharfen Messer in feine Streifen schneiden. Den Parmesan fein reiben.

5 *Anrichten:* Mit den Radicchiostreifen in der Mitte der vorgewärmten Teller kleine Nester bereiten. Die Sauce warm stellen, die Ravioli mit einem Schaumlöffel aus dem Wasser heben und dazugeben. Die Ravioli vorsichtig um den Radicchio anrichten, mit der Sauce nappieren und mit geriebenem Parmesan bestreuen.

MARIO GAMBA, Acquarello, 81677 München

Spaghetti mit provenzalischem Gemüse und geriebenem Käse

Für 2 Personen

Spaghetti:
- 200 g Spaghetti (al dente kochen)
- Salz
- Pfeffer
- 2 cl Olivenöl
- 1 Chilischote zum Abschmecken

Provenzalisches Gemüse:
- 1 rote Paprikaschote (Rauten schneiden)
- 1 gelbe Paprikaschote (Rauten schneiden)
- 1 Zucchini (Rauten schneiden)
- 1 Aubergine (Rauten schneiden)

- Knoblauch
- Basilikum
- Thymian
- Zucker
- Salz
- Pfeffer
- 50 g geschälte Tomaten
- ½ Zwiebel
- Olivenöl
- 0,1 l Weißwein
- 0,1 l Geflügelbrühe
- 5 cl Tomatenjus
- 10 g Speisestärke
- Reibekäse nach Bedarf

Fleischlos

1 *Provenzalisches Gemüse:* Die Paprikarauten in reichlich Olivenöl anschwitzen und mit Salz, Pfeffer, Zucker und Thymian würzen. Die Zucchini hinzufügen und nochmals würzen. Die Auberginen dazugeben, nochmals würzen. Mit Knoblauch und Basilikum abrunden.
2 Zwiebeln anschwitzen, mit Weißwein ablöschen. Einkochen lassen und mit Geflügelbrühe auffüllen. Schältomaten klein schneiden und mit Tomatenjus dazugeben. Ca. ½ Stunde kochen lassen. Mit Salz, Pfeffer, Zucker, Thymian, Peperoncini abschmecken. Mit Speisestärke abbinden.

JOSEF HUBERTUS, Hotellerie Hubertus, 66636 Tholey

Gebratene Schwarzwurzeln

mit Grapefruits und Ingwer

Für 2 Personen

- 400 g Schwarzwurzeln
- 1 Salbeizweig
- brauner Zucker
- 10 g gemahlene Haselnüsse
- 10 g Ingwer
- 2 Schalotten
- ¼ l Gemüsebrühe
- 2 Grapefruits
- Salz, Pfeffer
- 50 g Butter

1 Grapefruits waschen und von der Schale feine Zesten reißen. Grapefruits schälen, die Filets rausschneiden und entsaften.
2 Die Schwarzwurzeln waschen, schälen und feinblättrig schneiden. In Olivenöl mit Schalotten und etwas Brühe knackig dünsten. Würzen und den gerösteten Haselnussgrieß dazugeben.
3 Die Grapefruitzesten mit dem braunen Zucker karamellisieren. Den Ingwer dazugeben und mitgaren. Den Grapefruitsaft dazugeben und auf die Hälfte einkochen lassen. Mit der kalten Butter montieren, abschmecken und die Grapefruitfilets unterschwenken.
4 *Anrichten:* Die Schwarzwurzeln in die Mitte der Teller anrichten, darum herum die Grapefruits legen. Mit der Grapefruitsauce umkränzen und die Schwarzwurzeln mit einem Salbeiblatt dekorieren.

JENS DANNENFELD, L'escalier, 50674 Köln

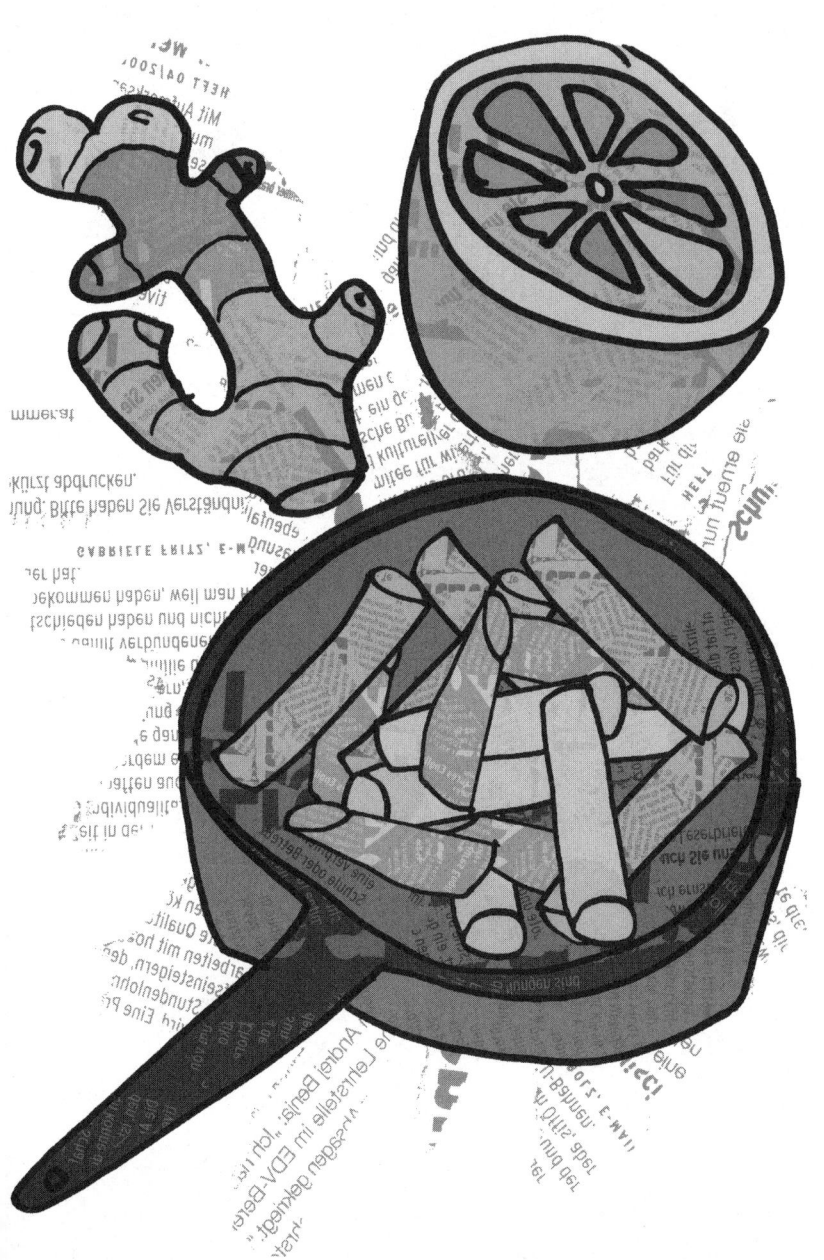

Fleischlos

Tonnarelli mit Shiitake und Gartengurken

Für 2 Personen

- 150 g Sahne
- 30 g Crème fraîche
- 125 g Shiitake
- 100 g Salatgurke
- 1 EL geriebener Parmesan
- Salz
- Pfeffer (aus der Mühle)
- ½ Knoblauchzehe
- 125 g Tonnarelli

1 Shiitake putzen, mit feuchtem Tuch die Pilze trocken abreiben, Strunk abtrennen und in feine Scheiben schneiden. Gurke schälen, entkernen und in 4 mm große Würfel schneiden oder mit einer Raffel grob hobeln.
2 Pilze, Gurken, Sahne, Crème fraîche, gepressten Knoblauch, Salz, Pfeffer aus der Mühle 5 Minuten leicht köcheln lassen.
3 Tonnarelli in der Zwischenzeit laut Packungsanleitung kochen, abgießen, in die Sauce geben, mit Parmesan durchschwenken und mit Salz und Pfeffer nachwürzen.

Mit frischen Kräutern, wie z. B. Schnittlauch, können Sie dieses Nudelgericht noch verfeinern.

ARMIN KARRER, Zum Hirschen, 70734 Fellbach

FLEISCH

Fleisch

Blutwurströsti mit roter Zwiebelmarmelade

Für 2 Personen

- 200 g Kartoffeln
- 200 g Blutwurst
- 250 g rote Zwiebeln
- 120 g Zucker
- ¼ l Rotwein
- 125 ml Portwein
- 20 ml Cassislikör
- 60 g Butter
- Butterschmalz
- Salz
- Pfeffer (aus der Mühle)

1 Für die Marmelade die Zwiebeln schälen und in dünne Streifen schneiden. In ein Sieb geben und heiß abspülen, um den Zwiebeln die Schärfe zu nehmen. Den Zucker in einen großen Topf geben und erhitzen. Wenn er flüssig und karamellfarben ist, die Hitze reduzieren, Zwiebeln, Weine und Likör zugeben. Ca. 45 Minuten lang sämig kochen. Dann nach und nach die eiskalte Butter unterrühren.

2 Für die Rösti die Kartoffeln schälen und reiben. In 4 gleiche Portionen teilen. Etwas Butterschmalz in einer Pfanne erhitzen und eine Portion Kartoffeln hineinlegen. Mit je 6 Scheiben Blutwurst belegen und einer weiteren Portion Kartoffeln bedecken. Von jeder Seite etwa 5 Minuten knusprig braten.

Herbert Jungbluth, Kräutergarten, 53343 Bonn

Fleisch

Saure Bohnen zum Stallhasen

Für 2 Personen

Saure Bohnen:
- 15 g Mehl
- 15 g Butterschmalz
- 25 g Schalottenwürfel
- etwas Knoblauch
- 0,1 l Rotwein
- 0,3 l dunkler Kaninchenfond
- Kümmel
- Majoran
- Bohnenkraut
- Pfeffer (aus der Mühle)
- 2 cl Rotweinessig
- 1 KL scharfer Senf
- 300 g Bohnen (Buschbohnen, Bobby oder breite Bohnen)
- 25 g Würfel von geräuchertem Bauch

Stallhase:
- 2 Stallhasenrückenstränge, pariert
- 2 dünne Speckscheiben
- 60 g Stallhasenleber
- 2 Nieren
- 2 kleine Filets
- 1 Knoblauchzehe
- 1 Thymianzweig

1 Aus Mehl und Butterschmalz eine braune Mehlschwitze bereiten, zum Schluss Zwiebeln und gepressten Knoblauch mitschwitzen, tomatisieren, mit Rotwein und Kaninchenfond ablöschen, Senf und Gewürze zugeben und auf ein Volumen von ¼ l Flüssigkeit einkochen lassen. Passieren und nachschmecken.

2 Bohnen putzen, schneiden, in stark gesalzenem Wasser weich blanchieren, in Eiswasser abschrecken und abtropfen. Mit Speckwürfeln kurz anschwitzen und mit der Sauce eintopfartig auffüllen. Aufkochen, evtl. nachbinden.
3 Stallhasenfilet mit dem dünnen Speck einwickeln und zart rosa braten. Kleine Filets in Klarsichtfolie plattieren, geputzte Niere darin einwickeln, halbieren und auf Thymianzweig aufspießen. Leber und gerollten Spieß ebenfalls zart rosa braten. Den Rücken tranchieren und mit der Leber und den Nieren auf den sauren Bohnen anrichten.

Geschmelzte Hefeknöpfle als Beilage anlegen.

ROLF STRAUBINGER, Burg Staufeneck, 73084 Salach

geschmorte Kalbsbäckchen

mit Spitzkohl und Stampfkartoffeln

Für 2 Personen

- 250 g Kalbsbäckchen
- ½ Kopf Spitzkohl
- 1 Möhre
- 1 Zwiebel
- ½ Sellerieknolle
- Salz
- Pfeffer
- Lorbeerblatt
- Piment zum Abschmecken
- 0,2 l Rotwein
- 1 TL Tomatenmark
- 150 g Kartoffeln (als Beilage)
- 20 g Butter für den Kohl
- 40 g Butter für die Kartoffeln
- Muskatnuss

1 Die Kalbsbäckchen würzen, in einem Schmorgefäß scharf anbraten und aus dem Bräter herausnehmen. Das in Würfel geschnittene Gemüse in den Bräter geben und anrösten. Das Tomatenmark dazugeben. Das Ganze mit Mehl stauben und mit dem Rotwein ablöschen. Die Bäckchen nun wieder hinzugeben. Den Bräter bis 2/3 mit Wasser aufgießen und im Ofen bei 200 °C schmoren. Die Bäckchen alle 30 Minuten drehen, bis sie nach ca. 2 Stunden weich geschmort sind. Nun die Bäckchen herausnehmen und den Fond durch ein feines Sieb drücken – damit das Gemüse den Fond abbindet. Gegebenfalls die so ent-

Fleisch

standene Sauce noch etwas nachschmecken und wieder über das Fleisch geben.

2 Für den Spitzkohl den Kohl putzen und die Blätter einzeln vom Strunk entfernen. Anschließend in feine Streifen schneiden. Etwas Salzwasser zum Kochen bringen und den Kohl darin blanchieren. Anschließend zur Bindung Butter dazugeben, mit Salz und Muskatnuss abschmecken.

3 Für die Stampfkartoffeln die Kartoffeln waschen und schälen, danach in Salzwasser kochen. Anschließend abgießen, ausdämpfen lassen und mit einem Stampfer zerdrücken, dann mit Butter verfeinern.

DIETER KAUFMANN, Zur Traube, 41515 Grevenbroich

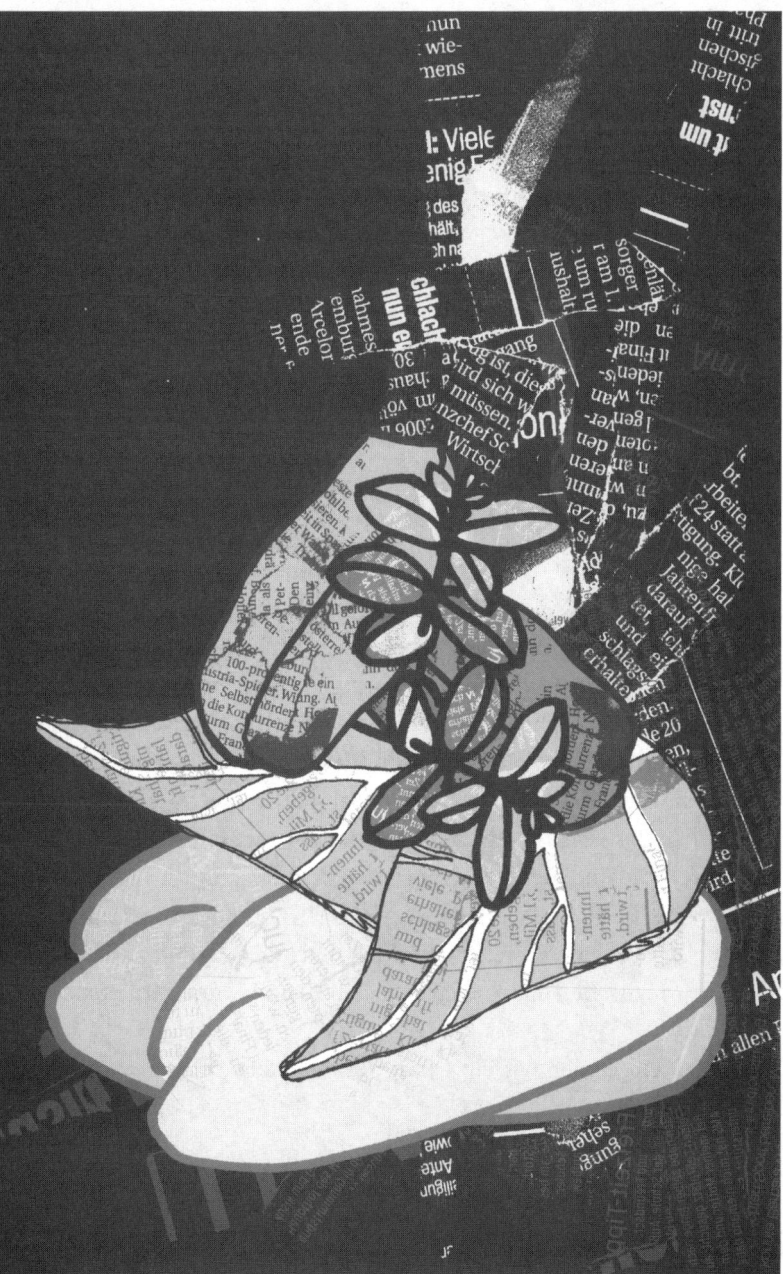

Fleisch

Hamburger Labskaus

Für 2 Personen

Labskaus:
- 200 g gepökelte Rinderbrust (beim Metzger vorbestellen)
- 2 Zwiebeln
- 400 g Kartoffeln
- 2 Matjesfilets
- 1 Salzgurke
- 80 g Rote Bete, gekocht
- 1 Lorbeerblatt

Garnitur:
- 2 Salzgurken
- 80 g Rote Bete, gekocht
- 2 Matjesfilets
- 2 Spiegeleier

1 Das Fleisch mit den Zwiebeln und dem Lorbeerblatt gar kochen. In der Zwischenzeit Heringe, Gurke und Rote Bete in kleine Würfelchen schneiden. Das Fleisch abkühlen lassen und dann durch die mittlere Scheibe des Fleischwolfs drehen.
2 Die Kartoffeln schälen, kochen, abgießen und zu Brei stampfen. Das Hackfleisch, den Kartoffelbrei, die Heringe, die Gurke und die Rote Bete vermengen und unter ständigem Rühren bei kleiner Flamme erhitzen. Vorsicht: Hier brennt schnell was an!
3 Auf einem tiefen Teller anrichten und mit Salzgurke, Roter Bete, Matjesfilet und Spiegelei nach Lust und Laune garnieren.

Dazu empfehlen wir ein frisch gezapftes Pils oder einen eisgekühlten Aquavit!

KARLHEINZ HAUSER, Seven Seas im Süllberg Hotel, 22587 Hamburg

Gebackener Kalbskopf mit sauren Steinpilzrädle

Für 2 Personen

Kalbskopf:

- ¼ fertiger Kalbskopf mit ¼ Zunge
- 2 Zwiebeln
- 2 Karotten
- ½ Sellerieknolle
- Petersilienstängel
- ½ Stange Lauch, halbiert
- 1 Lorbeerblätter
- 1 EL Pfefferkörner
- 0,1 l Essig
- Salz, Pfeffer
- Senf
- Koriander (aus der Mühle)
- Zitronensaft
- Mehl
- Semmelbrösel
- 3 Eier
- 1 EL geschlagene Sahne
- Öl zum Frittieren

Steinpilzrädle:

- 200 g festkochende Kartoffeln
- Salz
- Kümmel
- Muskatnuss
- 1 gewürfelte Schalotte
- Weißweinessig
- 10 g Butter
- 15 g Mehl
- ½ Lorbeerblatt
- 0,2 l Geflügelbrühe
- 80 g Steinpilze, geschnitten
- ¼ Bd. Blattpetersilie

Fleisch

1 Den Kalbskopf mit der Zunge sorgfältig waschen, abtropfen und zusammen mit dem grob geschnittenen Gemüse und den Gewürzen in einem großen Topf, mit kaltem Wasser bedeckt, ca. 2 Stunden weich kochen. Herausnehmen und abkühlen. Fleisch auslösen und in Stücke schneiden, mit Salz, Pfeffer, Koriander, Senf und Essig würzen. Die Masse in eine kalt ausgespülte Terrinenform füllen. Das Fleisch beschweren und für einen Tag kalt stellen.

2 Die Kartoffeln in leicht gesalzenem Wasser mit Kümmel weich kochen, pellen und in Scheiben schneiden. In einem Topf Butter aufschäumen, Schalotte zugeben, mit Mehl bestauben und mit der kalten Brühe angießen. Mit Lorbeer, Salz, Pfeffer und Muskatnuss würzen und alles 20–25 Minuten köcheln.

3 Die Steinpilze in einer Pfanne anbraten, mit Salz und Pfeffer würzen. Pilze zusammen mit den Kartoffeln zu der Sauce geben und mit Weißweinessig und geschnittener Petersilie verfeinern.

4 Den Kalbskopf aus der Form stürzen und in fingerdicke Scheiben schneiden. Mit Salz, Pfeffer und Zitrone würzen, in Mehl und den geschlagenen, mit Sahne verfeinerten Eiern und Semmelbröseln wenden. In 180 °C heißem Fett goldgelb ausbacken und auf Küchenpapier abtropfen. Auf den heißen Steinpilzrädle servieren.

OLAF PRUCKNER, Amtskeller im Hotel Altes Amtshaus, 74673 Ailringen

Kalbsleber Roulade

mit Kartoffel-Apfelpüree gefüllt, in Schalottensauce mit knusprigen Zwiebeln

Für 2 Personen

Kalbsleber:

- 4 Kalbsleberscheiben à 60 g, möglichst dünn geschnitten, mit großer Oberfläche
- 20 g Öl
- 50 g Butter
- 2 kleine Salbeiblätter

Schmorapfelpüree:

- 200 g gekochte und durchgedrückte Kartoffeln
- 50 ml Milch
- 60 g Butter
- 2 Äpfel (Cox Orange)
- 40 g Butterflocken für die Äpfel
- 20 g Butter
- 3 g Puderzucker
- 60 g Apfelwürfel
- 1 cl Calvados

Schalottensauce:

- 8 g Zucker
- 10 ml Olivenöl
- 80 g Schalottenwürfel
- 3 g Knoblauchzehe, geschält
- 1 kleines Lorbeerblatt
- 1 Rosmarinzweig
- 1 Thymianzweig
- 1 Spritzer Himbeeressig
- 1 Spritzer Sherryessig
- 35 ml Weißwein (Rivaner)
- 90 ml Kalbsjus

Gebackene Zwiebelringe:

- 50 g Zwiebel
- Salz, Pfeffer
- Muskatnuss
- Paprika
- Backfett

1 Die Kalbsleber von Sehnen und Häuten säubern. In einer Teflonpfanne Öl und Butter zur Nussbutter erhitzen. Die Kalbsleberscheiben mit Pfeffer würzen und in die heiße Pfanne legen,

Salbeiblätter beifügen und beidseitig goldbraun braten, leicht salzen und auf eine vorgewärmte Platte legen. Mit dem Schmorapfelpüree bestreichen und zur Roulade aufrollen. Die heiße Schalottensauce in die Mitte vom Teller geben und die Rouladen auflegen, die gebackenen Zwiebelringe locker auf die Kalbsleberroulade platzieren.

2 *Schmorapfelpüree:* Die Äpfel waschen, mit Butterflocken belegen und auf ein Stück Aluminiumfolie setzen, fest verpacken und für ca. 25 Minuten in den 180 °C heißen Ofen schieben. Die weichen Äpfel durch ein Passiersieb streichen. In einer Teflonpfanne den Puderzucker mit der Butter leicht karamellisieren und die geschnittenen Apfelwürfel beigeben, bissfest glacieren, mit Calvados ablöschen, unter das Apfelpüree heben und warm stellen. Die Milch mit Butter und Gewürzen aufkochen, über die durchgedrückten Kartoffeln gießen und unterarbeiten. Mit dem Apfelpüree eins zu eins miteinander verarbeiten. Nachschmecken mit Salz, Pfeffer und etwas Muskatnuss.

3 *Schalottensauce:* Zucker mit etwas Wasser karamellisieren. Schalotten beifügen, kurz glacieren und mit Öl leicht angießen. Die Gewürze beigeben, salzen und mit Essig ablöschen, den Weißwein zugeben und komplett reduzieren. Mit Kalbsjus auffüllen und 3–5 Minuten leise kochen lassen.

4 *Gebackene Zwiebelringe:* Die Zwiebeln schälen, in dünne Scheiben schneiden und mit Salz, Pfeffer, Muskatnuss und Paprika würzen. In der Fritteuse bei 180 °C knusprig ausbacken, gut vom Fett abschütteln, auf Küchenpapier abfetten und warm stellen.

BERNHARD DIERS, Zirbelstube im Hotel Am Schlossgarten, 70173 Stuttgart

Fleisch

Saure Kalbskutteln

in Trollingersauce mit Brägele

Für 2 Personen

- 400 g Kalbskutteln
- 20 g Karotten
- 20 g Sellerie
- 20 g Lauch
- 20 g Schalotten
- 2 EL Butterschmalz
- ¼ l Rotwein (Trollinger)
- 2 dl Kalbsjus
- ½ dl Rotweinessig
- Salz
- Pfeffer (aus der Mühle)
- Koriander
- Zucker
- Kümmel
- 200 g festkochende Kartoffeln
- Butterschmalz

1 Die vom Metzger geputzten und blanchierten Kalbskutteln in feine Streifen schneiden, in Butterschmalz anziehen und mit Rotwein ablöschen. Etwas reduzieren, mit Jus angießen und weich kochen. Karotten, Sellerie, Lauch und Schalotten in Streifen schneiden und farblos anbraten, den Kutteln beigeben. Mit Salz, Zucker, gemahlenem Kümmel, Pfeffer und Koriander aus der Mühle würzen und mit Rotweinessig abschmecken.
2 Für die Brägele die gekochten, geschälten Kartoffeln in Scheiben schneiden, in Butterschmalz goldgelb braten und würzen.
3 Die Kutteln in tiefen Tellern anrichten und Bratkartoffeln à part servieren.

HENRY OSKAR FRIED, Köhlerstube im Hotel Traube Tonbach, 72270 Baiersbronn

Kaninchenfrikadelle auf Bohnensalat

Für 2 Personen

Kaninchenfrikadelle:
- 250 g schieres Kaninchenfleisch (Keule und Bauchlappen)
- 50 g Kaninchenleber
- 2 Kaninchennieren, geputzt
- 1 Knoblauchzehen
- ½ Gemüsezwiebel, grob zerteilt
- 1 altbackenes eingeweichtes Brötchen
- 1 Ei
- 1 Kräuterstrauß (Thymian, Rosmarin, Salbei, Majoran oder Oregano, Basilikum, Estragon)
- Salz
- Pfeffer
- Muskatnuss
- 50 ml Kaninchenjus
- etwas Olivenöl

Bohnensalat:
- 200 g dicke Bohnen
- etwas Olivenöl
- 100 g Keniabohnen
- 10 g getrocknete Tomaten
- 100 g Cocktailtomaten
- 1 Zweig Thymian
- 1 Zweig Basilikum
- 1 Knoblauchzehe
- 1 Schalotte
- 1 TL Senf
- 2 EL Olivenöl
- 1 EL Balsamicoessig
- Zucker
- Salz
- Pfeffer
- frischer Parmesan

1 *Kaninchenfrikadelle:* Das gut gekühlte Kaninchenfleisch und die Innereien mit Knoblauch, Zwiebel und Kräutern in eine Schüssel geben, das eingeweichte Brötchen gut ausdrücken und ebenfalls dazugeben, kräftig mit Salz, Pfeffer und Muskatnuss würzen, anschließend durch die mittlere Scheibe des Fleischwolfes drehen. Das Ei unterarbeiten. Eine kleine Probe braten und evtl. nachschmecken. Zwei Frikadellen formen und in einer Pfanne mit Olivenöl von jeder Seite ca. 3 Minuten garen.
2 *Bohnensalat:* Die dicken Bohnen ausbrechen, bissfest blanchieren, in Eiswasser abkühlen, anschließend aus der Schale drücken. Keniabohnen putzen, blanchieren und der Länge nach halbieren. Cocktailtomaten überbrühen, schälen, vierteln und entkernen. Schalotten schälen, fein würfeln. Knoblauch schälen, mit Salz zerdrücken. Getrocknete Tomaten mit heißem Wasser übergießen, fein hacken. Thymianblätter vom Zweig streifen. Die Schalotte, Knoblauch, getrocknete Tomaten, Thymianblätter, Essig und Senf in eine Schüssel geben. Mit Olivenöl eine Vinaigrette bereiten, mit Salz, Pfeffer und Zucker abschmecken. Bohnen, geschälte Tomaten und das in Streifen geschnittene Basilikum mit der Vinaigrette mischen.
3 Bohnensalat mittig anrichten, Kaninchenfrikadelle obendrauf platzieren, mit Kaninchenjus nappieren, Parmesan über die fertigen Teller hobeln.

Rainer Hensen, Burgstuben-Residenz, 52525 Heinsberg

Fleisch

Kaninchenleberwurst aus dem Bohnenkrautsud

Für 2 Personen

- 100 g Kaninchenknochen
- 50 g Kaninchenfleischabschnitte
- 50 g Wurzeln (Karotten, Sellerie, Petersilienwurzel)
- ½ Zwiebel
- 3 Pfefferkörner
- 1 Lorbeerblatt
- 120 g Kaninchenschulterfleisch
- 40 g Bauchspeck
- 20 g fein geschnittener Rückenspeck (Grieben)
- 80 g Kaninchenleber
- 1 Eigelb
- ½ dl flüssige Sahne
- ½ Bd. Bohnenkraut
- einige grüne und weiße Bohnenkerne
- 80 g bunte Bohnenkerne
- 80 g handgeschabte Spätzle

1 Aus Kaninchenknochen, Fleischabschnitten mit Gewürzen, Gemüse und dem Bohnenkraut einen kräftigen Sud kochen.
2 Kaninchenfleisch mit Salz, Pfeffer, etwas Bohnenkraut, dem Eigelb und der Sahne marinieren und für einige Zeit kalt stel-

len. Alles zusammen mit der Leber und dem Bauchspeck cuttern, Grieben unterziehen, nachschmecken und in feine Lammdärme füllen. Kleine Würste abdrehen und im Sud pochieren.

3 *Anrichten:* Würste in der Brühe mit bunten Bohnenkernen oder Schnippelbohnen und den Spätzle in tiefen Tellern oder einer Terrine servieren.

ALBERT BAUR, Landhaus Baur, 64405 Fischbachtal

Fleisch

Kartoffelblinis mit Rahmchampignons

und Speck

Für 2 Personen

- 250 g festkochende Kartoffeln
- 1 Eigelb
- 1 Vollei
- 250 g Crème fraîche
- 1 EL Mehl Typ 405
- 200 g frische Champignons, geputzt und in Scheiben geschnitten
- 1 Gemüsezwiebel, geschält und fein gewürfelt
- 2 EL Schnittlauch, in feine Ringe geschnitten, evtl. ein paar Spitzen zur Dekoration aufheben
- 6 Scheiben Speck, dünn geschnitten
- Salz
- Pfeffer (aus der Mühle)
- evtl. etwas Muskatnuss
- Öl zum Braten

1 Für die Blinis die Kartoffeln mit Schale in Salzwasser zum Kochen bringen, Hitze reduzieren und gar kochen, pellen und anschließend durch eine Kartoffelpresse drücken. Das Ei, Eigelb, 1 EL Crème fraîche und Mehl unterarbeiten. Mit Salz, Pfeffer und nach Geschmack Muskatnuss abschmecken. Mit einem

Löffel in eine mäßig heiße Pfanne geben und mit wenig Fett von beiden Seiten goldgelb braten.
2 Für die Rahmchampignons die Zwiebelwürfel in einer tiefen Pfanne in etwas Öl glasig schwitzen. Champignons dazugeben und leicht anbraten. Mit Salz und Pfeffer würzen. Die restliche Crème fraîche hineinrühren und zu einer Sauce einkochen. Mit dem Schnittlauch vollenden.
3 Für den Speck die Speckscheiben in einer Pfanne kross braten, auf Küchenpapier abtropfen.
4 Anrichten: Auf die Teller je drei Kartoffelblinis setzen. Mit den Rahmchampignons nappieren und je eine krosse Scheibe Speck auflegen. Ein paar Schnittlauchhalme zur Garnitur wären vielleicht auch noch schön.

GUNNAR HINZ, Das Kleine Rote, 22525 Hamburg

Fleisch

»Käskrainer« in Ciabatta gebraten

Für 2 Personen

- 2 Käsekrainer
- ½ Ciabattabrot
- 2 kleine Schalotten, in feine Würfel geschnitten und blanchiert
- 4 Radieschen, in feine Würfel geschnitten
- 3 EL Sauerrahm oder Joghurt
- 1 KL scharfer Senf
- Salz
- Pfeffer
- Zitronensaft
- 1 Frühlingslauch

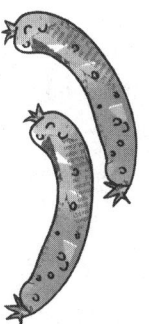

1 Das Ciabattabrot in eine Klarsichtfolie wickeln und über Nacht liegen lassen, dann kann man es am nächsten Tag mit der Aufschnitt- oder Brotschneidemaschine der Länge nach in 2–3 mm dicke Scheiben schneiden.
2 Die Krainer halbieren, die Haut mit einem Messer herunterschälen und der Länge nach in 3 dickere Scheiben schneiden.
3 Das geschnittene Brot auflegen, die geschnittenen Wurstscheiben auf eine Hälfte legen, die andere Brothälfte darüberklappen. In eine heiße Teflonpfanne etwas Öl geben und das gefüllte Brot hineinlegen; nicht zu heiß, damit es langsam goldgelb

wird, dann umdrehen und auf der anderen Seite ebenfalls braten. Wenn das Brot eine schöne Farbe hat, herausnehmen, auf einem Teller anrichten und mit der Sauce leicht nappieren.

4 Radieschen leicht mit Salz und Pfeffer würzen, Schalotten, Senf und Joghurt sowie etwas Zitronensaft dazugeben. Zum Schluss den geschnittenen Frühlingslauch untermischen. Wenn nötig, nochmals nachschmecken und anrichten.

Tipp: Man kann das Ciabattabrot auch mit anderer Wurst oder Ähnlichem füllen.

HANS HAAS, Tantris, 80805 München

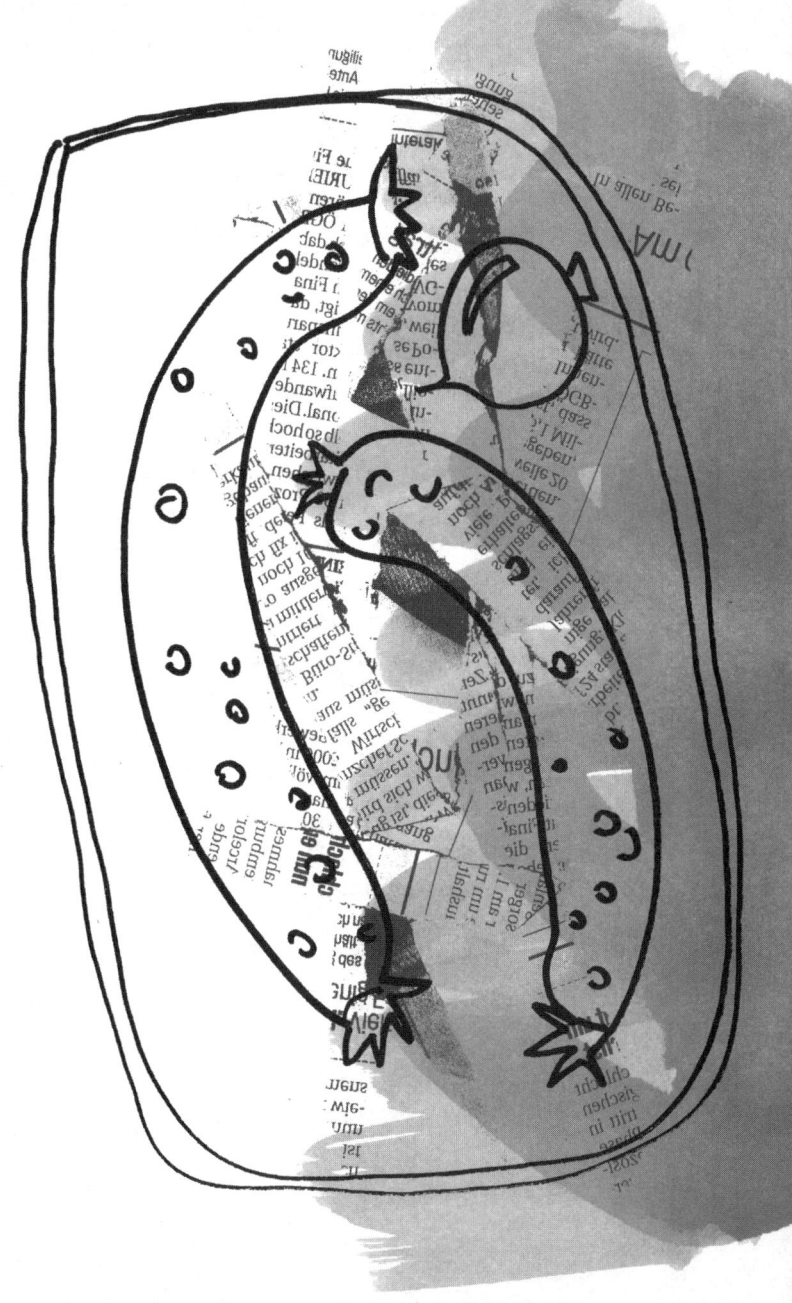

Kutteln in Riesling

Für 2 Personen

- 400 g Kutteln
- 1 Zwiebel
- 1 Knoblauchzehe
- Butter
- Olivenöl
- 0,25 l Riesling
- 0,25 l Fleischbrühe
- Salz
- Pfeffer
- 1 Lorbeerblatt
- 1 Thymianzweig
- Kartoffelstärke

1 Kutteln – vorgekocht vom Metzger – in feine Streifen schneiden. Fein gewürfelte Zwiebel und gehackte Knoblauchzehe in einer Butter-Olivenöl-Mischung ohne Farbe andünsten. Kutteln beifügen, mit Riesling ablöschen und mit Fleischbrühe auffüllen, gut bedecken. Mit Salz und Pfeffer würzen, aufkochen und mit Lorbeerblatt und Thymianzweig langsam ca. 1–1,5 Stunden weich kochen.
2 Kartoffelstärke mit etwas Wasser glatt rühren und die Sauce damit abbinden.

GUTBERT FALLERT, Restaurant Fallert im Hotel Talmühle, 77887 Sasbachwalden

Fleisch

Kürbis Quiche

mit Kräutern

Für 2 Personen

- 60 g Butter, zimmerwarm
- 120 g Mehl
- 1 Ei
- 1 KL Weißweinessig
- Salz
- 200 g Kürbis
- 1 Zwiebel
- 50 g Speck
- 1 KL Butter
- 1 TL Butter

- etwas Mehl
- 60 g Emmentaler, gerieben
- 120 g Crème fraîche
- 2 Eier
- Salz
- Pfeffer
- Muskatnuss
- 1 EL Petersilie, gehackt
- 1 EL Schnittlauchröllchen

1 Die Butter in kleine Würfel schneiden und mit Mehl, Ei, Weißweinessig und Salz rasch zu einem glatten Teig verkneten. In Frischhaltefolie einwickeln und ca. 1 Stunde kühl stellen. Eine Springform (14 cm ⌀) mit 1 TL Butter ausfetten. Die Arbeitsfläche mit Mehl bestreuen und den Teig darauf zu einer ca. 3 mm dicken Platte mit 18 cm ⌀ ausrollen. Den Teig in die Form legen, dabei einen ca. 4 cm hohen Rand formen. Den Teig mit einer Gabel mehrmals einstechen.

2 Kürbis schälen und das Fruchtfleisch grob raspeln. Zwiebel schälen und ebenso wie den Speck in feine Würfel schneiden. 1 KL Butter in einer Pfanne erhitzen, die Zwiebel und den Speck

darin anbraten und dann etwas abkühlen lassen. Den Ofen auf 200 °C vorheizen.

3 Emmentaler, Crème fraîche und Eier verrühren und mit Salz, Pfeffer und Muskatnuss würzen. Kürbis, Speck-Zwiebel-Mischung, Petersilie und Schnittlauchröllchen unterrühren. Den Belag auf den Teig geben und die Quiche im Ofen auf der untersten Schiene ca. 40 Minuten backen. Herausnehmen, etwas abkühlen lassen und den Springformrand vorsichtig lösen. Die Quiche in 6 Stücke schneiden.

JOHANN LAFER, Le Val d'Or im Hotel Stromburg, 55442 Stromberg

Lammrücken aus dem Rotweinfond

auf Brunnenkresse-Risotto

Für 2 Personen

- 2 Lammrücken, geputzt, à 120 g
- ¼ l dunkler Rotwein (z. B. Shiraz oder Dornfelder)
- 1 Lorbeerblatt
- 1 Gewürznelke
- 1 Schalotte
- ½ Rosmarinzweig
- 1 Knoblauchzehe (nicht zerdrückt)
- 60 g Risottoreis
- 60 g Geflügelbrühe
- ¼ Bd. Brunnenkresse, ersatzweise Gartenkresse
- 4 cl Sahne
- Salz
- Muskatnuss
- Schalotten
- 4 rote Zwiebeln
- 75 ml Rotwein (Rest von oben)
- Salz, Pfeffer
- etwas Zucker
- Speisestärke
- 50 ml Weißwein
- 50 ml Geflügelbrühe, reduziert
- 100 g Crème fraîche
- 25 g Mehlbutter
- 1 KL weiße Pfefferkörner
- 8 grüne Spargel, abgekocht in Salzwasser mit etwas Butter

1 Lammrücken mit Salz und Pfeffer würzen. Rotwein aufkochen, Gewürze beifügen und zur Seite ziehen. Den Lammrücken dann in diesem Fond bei max. 70–80 °C 10–15 Minuten (= blutig bis fast durch, je nach Zeit und Hitze) pochieren. Sie bevor-

zugen Lammkeule? Diese können Sie ebenso zubereiten und im Rotweinfond im Ganzen pochieren (bei 800 g Fleisch ohne Knochen ca. 40 Minuten).

2 Die geschälte Schalotte in kleine Würfel schneiden und mit etwas Olivenöl in einem Topf glasig anschwitzen. Den Reis zugeben, kurz anschwitzen und mit der Geflügelbrühe auffüllen. Im Backofen 15–20 Minuten bei 180 °C quellen lassen. Die Hälfte der Brunnenkresse in Streifen schneiden. Die andere Hälfte mit der Sahne im Küchenmixer fein pürieren. Kurz vor dem Anrichten das Brunnenkressepüree unter den Reis ziehen und mit den Brunnenkressestreifen vermengen. Risotto soll cremig sein.

3 Für die rote Zwiebelkonfitüre die in feine Würfel geschnittenen roten Zwiebeln in Butter und einer Prise Zucker glasig anschwitzen und mit dem Rotwein auffüllen. Ca. 15 Minuten köcheln lassen und mit etwas Speisestärke eindicken, anschließend nachwürzen.

4 Weißwein, Geflügelbrühe und Crème fraîche aufkochen, mit Salz nachschmecken und mit der Mehlbutter binden. Die Pfefferkörner in ein Mixglas geben und die Sauce kurz mixen (je nach Geschmack länger für eine kräftige Pfeffersauce), dann durch ein grobes Spitzsieb passieren.

5 Anrichten: Risotto in einer »Radicchio-Schale« (einem großen Radicchioblatt) im hinteren Drittel der Teller platzieren, den Lammrücken aufschneiden, schön auflegen und mit der Zwiebelkonfitüre und der weißen Pfeffersauce umträufeln. Spargelspitzen sternförmig anlegen. Mit einem Brunnenkresseblatt oder Rosmarinzweig garnieren.

JOACHIM HESS, Goldener Pflug, 69253 Heiligenkreuzsteinach

Mit exotischen Gewürzen geschmorte Maishähnchen-Keule

auf gebratenen Kräuterkartoffeln

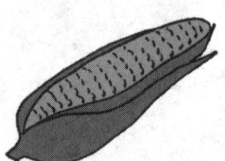

Für 2 Personen

Maishähnchen:
- 2 Maishähnchenkeulen
- Salz
- Pfeffer

Gewürzöl:
- 200 ml Olivenöl
- 1 EL Szechuanpfeffer
- 1 TL Kümmel
- 1 Anissterne
- 2 Zweige Koriander
- ½ zerbröselte Zimtstange
- 1 Knoblauchzehen
- 10 g frischer Ingwer, fein geschnitten
- ½ Stange Zitronengras, fein geschnitten
- abgeriebene Schale von 1 Orange

Fenchelpüree:
- 1 große Fenchelknolle
- 1 Schalotte
- 100 ml Sahne
- 10 g geschlagene Sahne
- Olivenöl
- Pernod
- Salz
- Pfeffer

Kräuterkartoffeln:
- 8 Kartoffeln
- Thymian
- Rosmarin
- Salz
- Pfeffer

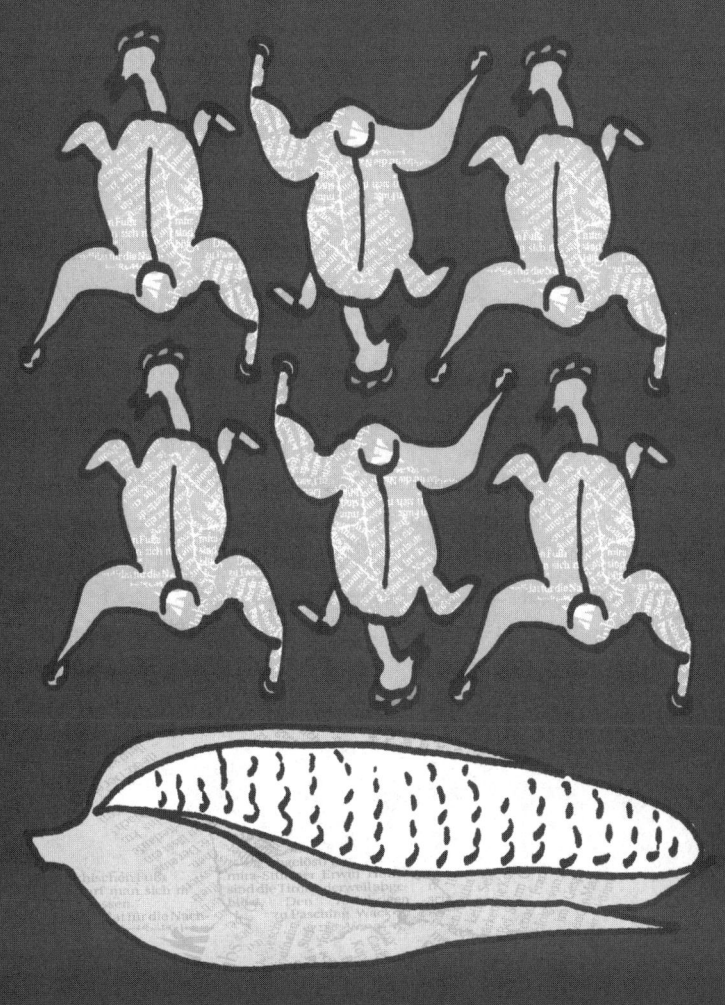

1. *Exotisches Gewürzöl:* Alle Zutaten mischen und 10 Minuten in ca. 80 °C warmem Öl ziehen lassen. Danach passieren.
2. Die Keulen ca. 20 Minuten bei 80–90 °C im Gewürzöl schmoren. Das Öl kann später sehr gut zum Braten oder als Würzöl zum Salatdressing verwendet werden. Auch zum Confieren eignet es sich sehr gut.
3. Fenchelknollen und Schalotten in feine Würfel schneiden und in Olivenöl anschwitzen. Den Deckel dabei nur zum Rühren vom Topf nehmen, um den Fenchel nach Möglichkeit gar zu dämpfen. Wenn die Flüssigkeit verdunstet ist, mit etwas Pernod ablöschen und mit etwas Sahne auffüllen. Die Fenchelwürfel gar kochen, anschließend im Mixer pürieren und durch ein Sieb passieren. Vor dem Anrichten kurz aufkochen, mit Salz und Pfeffer abschmecken und die geschlagene Sahne unterheben.
4. *Kräuterkartoffeln:* Kartoffeln (gesäubert) mit Schale kochen, halbieren und mit Thymian, Rosmarin, Salz und Pfeffer würzen.

MARTIN GÖSCHEL, Tiger-Restaurant, 60313 Frankfurt/Main

Mediterraner Makkaroni-Auflauf mit Champignons

Für 2 Personen

- 2 Zwiebeln
- 80 g Champignons
- 2 Knoblauchzehen
- 100 g Mortadella
- 3 EL Olivenöl
- 1 EL Tomatenmark
- 100 g Tomatenpüree (aus der Packung)
- 100 ml trockener Weißwein
- Salz
- 250 g Makkaroni
- 2–3 Majoranzweige (ersatzweise 1–2 TL getrockneter Majoran)
- 50 ml Schlagsahne
- weißer Pfeffer
- 1 Mozzarellakugel

1 Die Zwiebeln schälen und in ca. 1 cm große Würfel schneiden. Die Champignons trocken abreiben und halbieren oder vierteln. Den Knoblauch schälen und durch die Presse drücken. Mortadella in ca. 1 cm breite Streifen schneiden.
2 Das Olivenöl erhitzen und die vorbereiteten Zutaten darin anbraten. Das Tomatenmark und -püree untermischen, mit dem Wein aufgießen. Die Sauce bei geringer Hitze 15 Minuten köcheln lassen.
3 Reichlich Salzwasser zum Kochen bringen und die Nudeln darin nach Packungsanweisung bissfest garen.

4 Den Backofen auf 200 °C vorheizen. Den Majoran abbrausen, trocken schütteln und die Blättchen fein hacken. Mit der Sahne unter die Sauce mischen. Mit Salz und Pfeffer abschmecken.
5 Die Nudeln abgießen und mit der Sauce in eine hitzebeständige Form schichten. Den Mozzarella in dünne Scheiben schneiden und darüber verteilen. Den Nudelauflauf im Ofen auf mittlerer Schiene etwa 10 Minuten goldbraun überbacken.

CHRISTIAN HENZE, Landhaus Henze, 87463 Probstried

Fleisch

Pfannkuchen mit Spitzkohl, Karotte und Bauchspeck

Für 2 Personen

- 100 g Mehl
- 2 Eier
- 200 ml Milch
- 2 EL Butter
- ½ Kopf Spitzkohl
- 2 Karotten

- 1 Zwiebel
- 250 g Bauchspeck
- Petersilie
- Salz
- Pfeffer

1 Für den Teig das Mehl, die Eier, eine Prise Salz, einen Esslöffel aufgeschäumte Butter und die Milch zu einem glatten Tag verrühren, Pfannkuchen backen und warm stellen.
2 Den Speck, die geschälten Karotten sowie die Zwiebel und den Kohl in feine Würfel schneiden und in etwas Butter mit Farbe anrösten. Das noch knackige Gemüse auf den Pfannkuchen verteilen, mit Salz und Pfeffer würzen und mit der fein geschnittenen Petersilie bestreuen.

JÖRG BEHREND, Vivaldi im Schlosshotel in Grunewald, 14193 Berlin

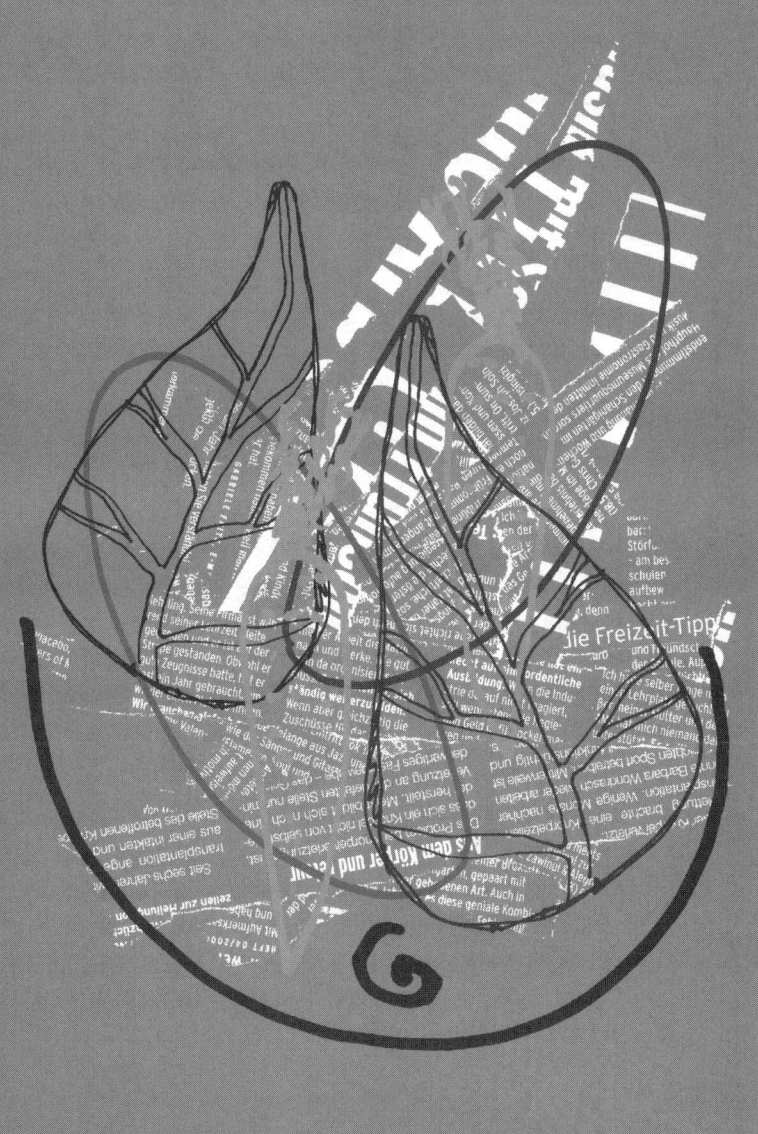

Fleisch

Poulardenbrustspieße mit Sesam

und Anispflaumen
auf Chicoréespitzen

Für 2 Personen

- 2 Poulardenbrüste
  (ohne Haut und Knochen)
- 6 Stk. Trockenpflaumen
  (ohne Kern)
- Salz, Pfeffer
- 50 g Sesam, hell, geschält
- 40 g Honig
- 1 Anisstern
- 50 ml Geflügelbrühe
- 20 ml Pernod
- 5 ml Balsamicoessig
- 25 ml Öl zum Braten
- 6 Chicorée
- 6 kleine Spieße

1 Die Poulardenbrust würfeln (1 x 1 cm) und beiseitestellen. Nun die Pflaumen in der Geflügelbrühe mit dem Sternanis und dem Pernod einmal aufkochen. Nach dem Erkalten die Pflaumen abwechselnd mit der Poulardenbrust auf die Spieße stecken.

2 Die Poulardenspieße mit Honig bestreichen und in dem Sesam wälzen. Anschließend die Spieße in einer beschichteten Pfanne 6–7 Minuten goldgelb braten.

3 *Anrichten:* Auf jeden Teller 3 Chicoréespitzen und die gleiche Menge halbierter Pflaumen geben, die Spieße darauf verteilen, das Bratfett aus der Pfanne abgießen, die Pfanne mit Balsamicoessig ablöschen und mit dem Pflaumensud auffüllen. Diesen kurz reduzieren und über das Fleisch und den Salat nappieren.

THOMAS BÜHNER, La Vie, 49074 Osnabrück

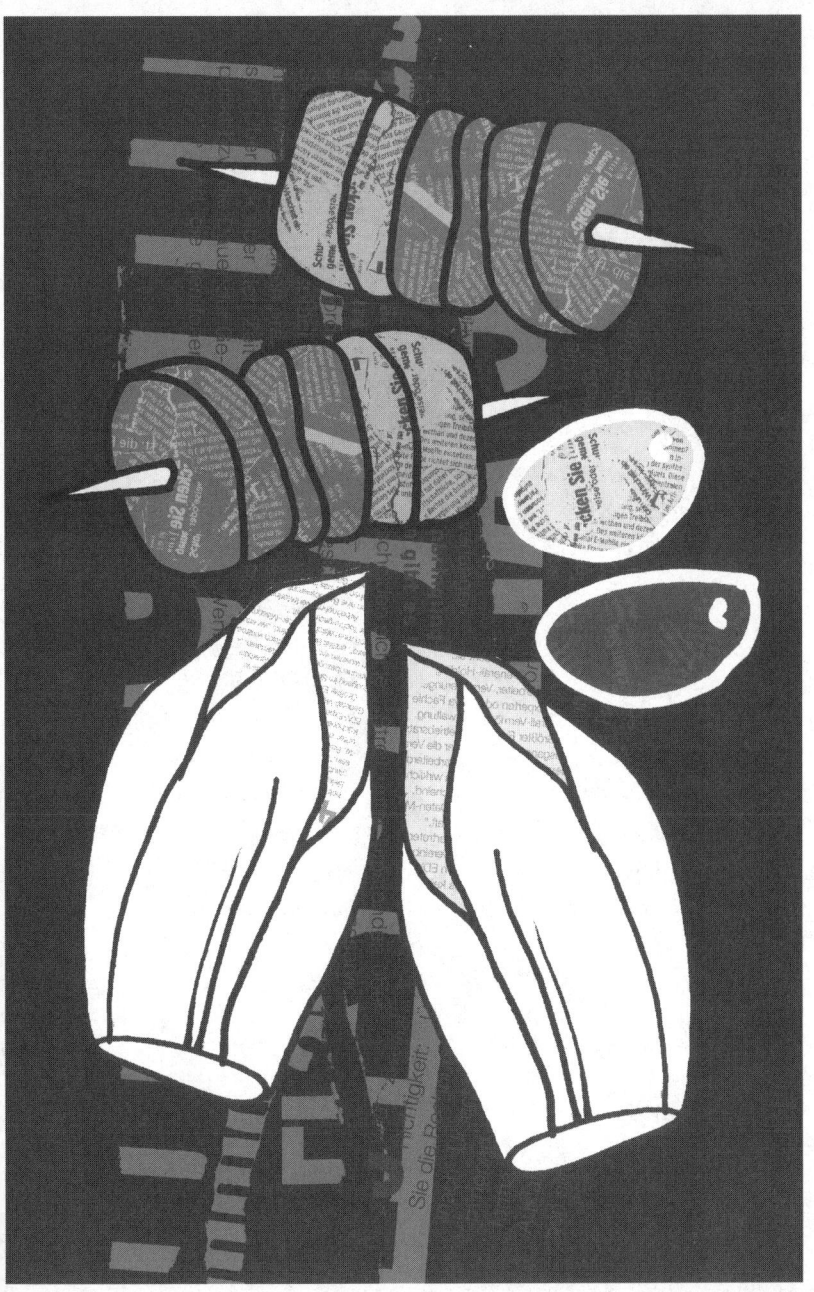

Fleisch

Puten-Curry auf CousCous mit exotischem Gemüse

Für 2 Personen

Puten-Curry:
- 300 g Putenbrust
- 1 EL Mehl
- 1 EL Currypulver
- Butterschmalz zum Anbraten
- 6 cl Weißwein

Champignon-Creme-Sauce:
- 1 Schalotte
- 3 rosa Champignons
- ½ Knoblauchzehe
- 1 EL Mehl
- 0,1 l Geflügelbrühe
- 0,1 l Sahne
- Salz
- Pfeffer

Couscous:
- 1 Schalotte
- 5 EL Couscous
- 150 g Geflügelbrühe

- ¼ TL Kurkuma
- ¼ TL marokkanische Gewürzmischung
- 1 EL Butter

Exotisches Gemüse:
- 20 g Shiitake-Pilze
- 40 g Sojasprossen
- 20 g Frühlingslauch, in feine Streifen geschnitten
- 30 g gelbe und rote Paprikaschoten (enthäutet), in Streifen geschnitten
- Olivenöl zum Braten
- Curry
- Sojasauce
- Ingwer
- Salz
- Pfeffer
- Zucker
- Knoblauch

Fleisch

1 *Champignon-Creme-Sauce:* Die Schalotten mit Butter anschwitzen. Champignons vierteln und hinzugeben. Knoblauch reiben und zusammen mit frischer Petersilie zu den Champignons geben. Das Ganze mit Mehl stauben und glatt rühren. Nun mit Geflügelbrühe und Sahne aufkochen. Mit Salz und Pfeffer abschmecken.

2 Putenbrust in gleich große Stücke schneiden und mit Salz und Pfeffer würzen. Mehlieren und in Butterschmalz anbraten. Das Fleisch mit Currypulver bestreuen und mit Weißwein ablöschen. Mit der Champignon-Creme-Sauce durchkochen lassen.

3 *Exotisches Gemüse:* Das Gemüse im Wok mit Olivenöl andünsten und mit den Gewürzen abschmecken.

4 *Couscous:* Die Schalotte anschwitzen, Couscous hinzugeben und heiße Brühe angießen. Im heißen Rohr 10 Minuten bei 180 °C quellen lassen. Mit Butter und Gewürzen abschmecken.

JOSEF HUBERTUS, Hotellerie Hubertus, 66636 Tholey

Reh Crépinette

an glacierten Schalottenzwiebeln
mit schwarzen Nüssen
und zweierlei Wacholdersaucen

Für 2 Personen

- 4 Rehrückenmedaillons à 50 g
- 2 schwarze Nüsse (eingelegte)
- 50 g Geflügelfarce
- 30 g Crème fraîche
- 50 g Steinpilze
- 30 g Kochschinken
- 1 Schalotte
- 2 blanchierte Mangoldblätter
- 1 Schweinsnetz
- 20 g Butter

Saucen:
- 2 Schalotten
- 100 ml Rehfond
- 25 ml Portwein
- 25 ml Gin
- 25 ml Sahne
- 10 Wacholderbeeren

Schalottenzwiebeln:
- 8 Schalotten
- 20 g Zucker
- 30 ml Balsamicoessig
- 20 ml Madeira
- 20 ml Portwein

1 Für die Crépinetten die kleinwürfelig geschnittene Schalotte mit der Butter in einer Kasserolle anschwitzen. Kleinwürfelig geschnittene Steinpilze und Kochschinken beifügen, kurz gehen lassen und mit der Crème fraîche auffüllen. Köcheln lassen, bis die Masse eingedickt ist. Mit Salz und Pfeffer würzen.

Die Masse abkühlen lassen und mit der Geflügelfarce verrühren. Die blanchierten Mangoldblätter ausbreiten und zu kleinen Vierecken zum Verpacken zurechtschneiden. Je einen Löffel der Masse auf die Rehmedaillons geben und in die geschnittenen Mangoldblätter einwickeln. Zum Schluss in Schweinenetz einpacken. Die Rehcrépinette in einer vorgeheizten Pfanne mit etwas Olivenöl und Butter langsam anbraten. Bei 190–200 °C für ca. 4–5 Minuten in den Ofen schieben. Danach 2–3 Minuten ruhen lassen.

2 *Saucen:* 2 Schalotten in Streifen schneiden, mit etwas Butter in der Kasserolle anschwitzen, die Wacholderbeeren dazugeben und mit dem Portwein und dem Gin ablöschen. Stark einreduzieren, mit dem Rehfond auffüllen, mit Salz und Pfeffer würzen, nochmals einreduzieren und von der Flamme genommen ca. ½ Stunde ziehen lassen. Die Sauce abpassieren.

3 Eine Hälfte der gewonnen Sauce mit Sahne auffüllen. Vor dem Servieren aufschäumen. Die andere Hälfte mit Butter zur gewünschten Konsistenz binden. Vor dem Anrichten die in Scheiben geschnittenen schwarzen Nüsse in der mit Butter gebundenen Sauce anwärmen.

4 *Schalottenzwiebeln:* Zucker mit etwas Wasser in einer Kasserolle karamellisieren. Die geputzten Schalotten dazugeben, leicht gehen lassen und mit Balsamicoessig, Portwein und Madeira nach und nach ablöschen. Etwas Wasser auffüllen, mit Salz und Pfeffer würzen und langsam köcheln lassen, bis die Zwiebeln gar sind.

MARCELLO FABBRI, Anna Amalia im Hotel Elephant, 99423 Weimar

Fleisch

Saumagen-Soufflé mit Weinkraut,

glaciertem Apfel und Backpflaumen

Für 2 Personen

- 150 g Saumagen
- 2 Eigelb
- 2 Eiweiß
- 1 EL feine Brösel aus Weißbrot
- 2 EL getrocknete Äpfel, in feine Würfel geschnitten
- 1 EL Aprikosenwürfel
- 2 EL Lauchwürfel, blanchiert
- 1 Msp. Rosmarin, fein gehackt
- Salz, Pfeffer
- 2 Scheiben magerer Bauchspeck, knusprig gebraten

- 1 Apfel
- 6 Backpflaumen
- 100 g fertiges Weinkraut
- etwas Butter

1 Fein gekutterter Saumagen mit Eigelb, Bröseln, Rosmarin, Aprikosen, Apfelwürfel und Lauch gut verrühren. Eiweiß zu Eischnee schlagen, unterheben und je nach Geschmack nachwürzen. In 2 ausgebutterte und mit Bröseln ausgestreute Timbale- oder Auflaufförmchen füllen und im Wasserbad bei 180 °C Ofentemperatur ca. 15 Minuten garen.

2 Den Apfel in Spalten schneiden, in etwas Butter und Zucker glacieren. Die Pflaumen in etwas Apfeltee einweichen und erwärmen.

3 *Anrichten:* Das Soufflé aus der Form stürzen und auf dem Sauerkraut in der Mitte des Tellers anrichten. Abwechselnd mit den Äpfeln, den Pflaumen und dem gebratenen Speck umlegen, anschließend servieren.

Jörg Glauben, Romantik Hotel Landschloss Fasanerie,
66482 Zweibrücken

gefüllte Schweinsroulade im Schinkenmantel

Für 2 Personen

- 2 Schmetterlingssteaks vom Schweinerücken (je 150 g)
- Salz
- weißer Pfeffer
- Dijonsenf
- Crème fraîche
- 2 EL tiefgekühlte 8-Kräuter-Mischung
- 4 kleine Gewürzgurken
- 4 Scheiben luftgetrockneter Schinken zum Einwickeln der Rouladen
- Butterschmalz zum Braten
- 0,2 l heiße Fleischbrühe (Instant)
- 1 Möhre
- 1 Petersilienwurzel
- 1 Stange Staudensellerie
- ½ Stange Lauch
- 1 kleine Gewürzgurke
- 1 TL Butter
- 0,1 l Fleischbrühe (Instant)
- 0,1 l süße Sahne

1 Die Schmetterlingssteaks aufklappen und mit Salz und Pfeffer bestreuen. Dann mit dem Senf bestreichen. Die Kräuter darüberstreuen. Je 2 Gewürzgurken hineinlegen und das Fleisch zu einer Roulade aufrollen. Dann in die Schinkenscheiben einwickeln und mit Küchengarn umwickeln. (Wer in Süddeutschland zu Hause ist, kann sich ein Schweinenetz besorgen und dieses dann um die Schinkenscheiben wickeln.)

Fleisch

2 Butterschmalz in einem flachen breiten Topf erhitzen und die Roulade darin anbraten, mit 0,2 l Brühe auffüllen. Dann im vorgeheizten Backofen bei 180 °C 12–15 Minuten braten.

3 Möhren, Petersilienwurzel, Staudensellerie und Lauch putzen, waschen und klein schneiden. Gewürzgurke würfeln. In etwas Butter anbraten und mit der Brühe aufgießen. 15 Minuten leicht köcheln lassen. Die Sahne dazugeben und mit dem Mixstab pürieren. Mit Salz und Pfeffer abschmecken. Die Rouladen von dem Küchengarn befreien und in die Sauce legen.

Beilage: Kartoffelschnee und dicke Bohnenkerne (von der äußeren Haut befreien).

Friedrich Eickhoff, Landhaus Götker, 49459 Lembruch

Fleisch

Spaghetti Bolognese

Für 2 Personen

Basis:
- 1 Bio-Perlhuhnkeule
- 150 g Rinderbug
- 50 g Kalbszunge
- 50 g Zampone
- 50 g Schweinskopf
- 1 Bd. Suppengrün (Karotte, Sellerie, Zwiebel, Lauch, Petersilie)
- 1 Gewürzsäckchen (schwarzer Pfeffer, Gewürznelken, Wacholderbeeren, Piment)
- ½ l Geflügelbrühe

Ragout-Sauce:
- 100 g Knollensellerie
- 100 g Karotte
- 1 Zwiebel
- 1 Kartoffel
- 50 g Pancetta mit Schwarte
- 2 Knoblauchzehen
- 1 TL Tomatenmark
- 1 Tomate, halbiert, entkernt und grob gehackt
- 1 TL Thymian, fein gehackt
- 1 EL Petersilie, fein gehackt
- 50 g Olivenöl
- 0,3 l Bouillon (siehe oben)

Garnituren:
- 250 g Spaghetti oder Tagliolini
- 100 g gehobelter Parmesan oder Grana Padano
- Salz
- Pfeffer (aus der Mühle)

1. *Basis:* Alle Zutaten in der Brühe bei 85 °C langsam gar ziehen lassen, d. h. Perlhuhn 30 Minuten, Rinderbug 2 Stunden, Kalbszunge 1 Stunde, Zampone 2 Stunden und den Schweinekopf 2 Stunden. Danach alles aus der Brühe nehmen und in kleine Würfel schneiden (ca. 5 x 5 mm).
2. *Ragout-Sauce:* Das Gemüse schälen und in 5 x 5 mm große Würfel schneiden, mit Knoblauch und Pancetta in Olivenöl glasig schwitzen, mit Salz würzen, Tomatenmark hinzugeben und etwas mitschwitzen. Mit der Bouillon auffüllen, das gewürfelte Fleisch hinzugeben und langsam zu einer Ragout-Sauce einkochen, bis praktisch keine Flüssigkeit mehr vorhanden ist. Kurz vor dem Servieren gehackte Tomaten, Thymian und Petersilie hinzugeben, umrühren und sofort servieren.
3. Nudeln in viel Wasser, gut gesalzen wirklich bissfest garen, abgießen, mit etwas Olivenöl vermengen und sofort servieren.
4. *Anrichten:* In einem tiefen Teller die Nudeln anrichten, die Ragout-Sauce darübergeben, mit gehobeltem Parmesan und Pfeffer aus der Mühle bestreuen.

CHRISTIAN LOHSE, Fischers Fritz im Hotel The Regent, 10117 Berlin

Speck Knödel mit Karotten-Sellerie-Gemüse

Für 2 Personen

- 4 Brötchen vom Vortag
- 200 ml Milch
- 1 Schalotte
- 80 g Speck, fein gewürfelt
- ¼ Stange Lauch, fein gewürfelt
- 2 Eier
- 2 Karotten
- ¼ Sellerieknolle
- 1 EL Rotweinessig
- 3 EL Distelöl
- 2 Stange Petersilie, fein gehackt
- 1 Bd. Schnittlauch
- Salz
- Pfeffer
- Muskatnuss
- Butter

1 Die Brötchen in dünne Scheiben schneiden und in eine Schüssel geben. Die Milch aufkochen, über die Brötchen gießen, sofort die Schüssel mit einem Deckel zudecken und ein paar Minuten ziehen lassen. Die fein geschnittene Schalotte in Butter anschwitzen, Speckwürfel zugeben und kurz danach den Lauch untermischen. Alles gut durchschwenken und zu den eingeweichten Brötchen mit den Eiern, Salz, Pfeffer und einer Prise Muskatnuss geben, alles gut vermischen. Aus der Masse mit feuchten Händen einen Probeknödel formen und diesen in

siedendem Salzwasser garen. Sollte der Knödel zerfallen, noch etwas Semmelbrösel unter den Teig mischen. Dann restliche Knödel abdrehen und diese im siedendem Salzwasser ca. 15 Minuten garen.

2 Karotten und Sellerie putzen, schälen, in feine Würfel schneiden und diese in Salzwasser ca. 4 Minuten blanchieren. Gut abtropfen, in eine Schüssel geben und mit Rotweinessig und Distelöl anmachen. Mit Salz und Pfeffer abschmecken, Petersilie und Schnittlauch untermischen. Das Wurzelgemüse zu den Knödeln servieren. (Die Knödel können nach Belieben noch in Scheiben geschnitten und kurz in Butter angebraten werden.)

VINCENT KLINK, Wielandshöhe, 70597 Stuttgart

Fleisch

Wokgemüse mit Putenbrust

Für 2 Personen

- 1 mittlere Zucchini
- 1 große Karotte
- 1 kleiner Chinakohl
- 2 farbige Paprikaschoten
- 1 mittlere Zwiebel
- 1 Kohlrabi
- 150 g Austernpilze oder Champignons
- Sprossen oder Keimlinge
- etwas Knoblauch
- frischer Ingwer
- Saft von 1 Zitrone
- 1 Prise Curry
- Kräuter
- 6 cl Schlagsahne
- 240 g Putenbrust
- 2 EL Joghurt

1 Jedes Gemüse in Streifchen schneiden oder mit dem Hobel hobeln, dann quer schneiden. Das gesamte Gemüse in einer Wok- oder Teflonpfanne anbraten, mit zwei Löffeln gelegentlich durchmengen. Alles mit Salz, Pfeffer, Knoblauch, geriebenem Ingwer, Zitronensaft und Curry nach Belieben würzen. Nach 4–6 Minuten Sahne unterheben und auf Tellern anrichten. Mit Kräutern der Saison garnieren.

2 Je nach Belieben angebratene Fleischstreifen von Putenbrust oder anderem Fleisch mit Joghurt dazugeben.

CLEMENS BAADER, Berghotel Baader, 88633 Heiligenberg

DESSERTS

Desserts

Apfelschlupfer

Für 2 Personen

- 125 g Briochewürfel
- 2 Äpfel, geschält und in Scheiben geschnitten
- 35 g geröstete Mandelblätter
- Zimt
- Calvados
- 300 g Sahne
- 6 Eier
- 80 g Zucker

1 Förmchen ausbuttern und mit Zucker auskleiden, zu ¾ mit den Briochewürfeln und den Apfelscheiben füllen.
2 Sahne, Eier und Zucker miteinander verrühren und damit die gefüllten Förmchen bedecken. In einen Topf Wasser geben (Wasserbad), die gefüllten Förmchen hineinstellen und bei 160 °C ca. 30 Minuten im Backofen garen.

Dazu serviert man Vanillesauce und ein buntes Kompott von Sommerbeeren.

DIETER LUTHER, Luther, 67251 Freinsheim

Armer Ritter

Für 2 Personen

- ¼ l Milch
- 2 Eigelb
- 100 g Marzipan (Rohmasse)
- 100 g Zucker
- 2 EL Zimt
- Butterschmalz zum Braten
- ½ Toastbrot, rund (6 cm) ausgestochen

1 Milch und Eigelb miteinander verquirlen.
2 Zwischen 2 Brotscheiben eine Marzipanscheibe legen und für kurze Zeit in der Eiermilch einweichen.
3 Von beiden Seiten in Butterschmalz ausbacken. Etwas abtropfen lassen, mit Zimt und Zucker bestreut servieren. Dazu kann Vanilleeis gereicht werden.

Tipp: Als Dessert nach einem Menü reichen 2 gefüllte Brotkreise.

GISELA KREUS, St. Benedikt, 52076 Aachen

Desserts

Duftiger Bratapfel nach »Oma Luise«

Für 2 Personen

- 4 mittelgroße, aromatische Äpfel (am besten Cox Orange)
- etwas Butterfett für das Backblech
- 1 EL Puderzucker
- etwas Butter

Füllung:
- 100 g Marzipanrohmasse (mit der Gabel zerdrücken)
- 2 EL gehackte Haselnüsse oder Mandeln
- 1 EL Rosinen (in etwas Rum eingeweicht)
- Prise Zimtpulver

1 *Fülle:* Zuerst die Füllung zubereiten, indem Sie alle Zutaten zu einem weichen Teig vermengen.
2 Die Äpfel waschen, trocknen und das Kerngehäuse mit einem Ausstecher entfernen. Die Füllung in die entstandene Öffnung drücken und anschließend auf das gefettete Backblech setzen. Auf jeden Apfel ein Butterflöckchen setzen und im auf 200 °C vorgeheizten Backofen ca. 30 Minuten braten. Vor dem Servieren mit Puderzucker bestreuen und in einen tiefen Teller setzen. Mit Vanillesauce servieren.

BURKHARD SCHORK, Friedrich von Schiller im Hotel Schiller, 74321 Bietigheim-Bissingen

Desserts

Clafoutis

Für 2 Personen

- 125 g Crème fraîche
- 30 g Haselnüsse (fein gerieben und geröstet)
- 15 g Mehl
- 50 g Vollei
- 40 g Eigelb
- 50 g Zucker
- 150 g Früchte nach Wahl (am besten passen Kirschen und Beeren)
- Schlagsahne

1 Alle Zutaten (bis auf die Früchte und die Sahne) in der Rührmaschine zu einem glatten Teig verrühren.
2 Die Früchte in die gebutterten Backförmchen (8 cm ⌀) legen. Nun mit dem Clafoutisteig übergießen und bei 200 °C ca. 12–15 Minuten in der Mitte des Backofens garen.

Mit geschlagener Sahne servieren.

THOMAS BÜHNER, La Vie, 49074 Osnabrück

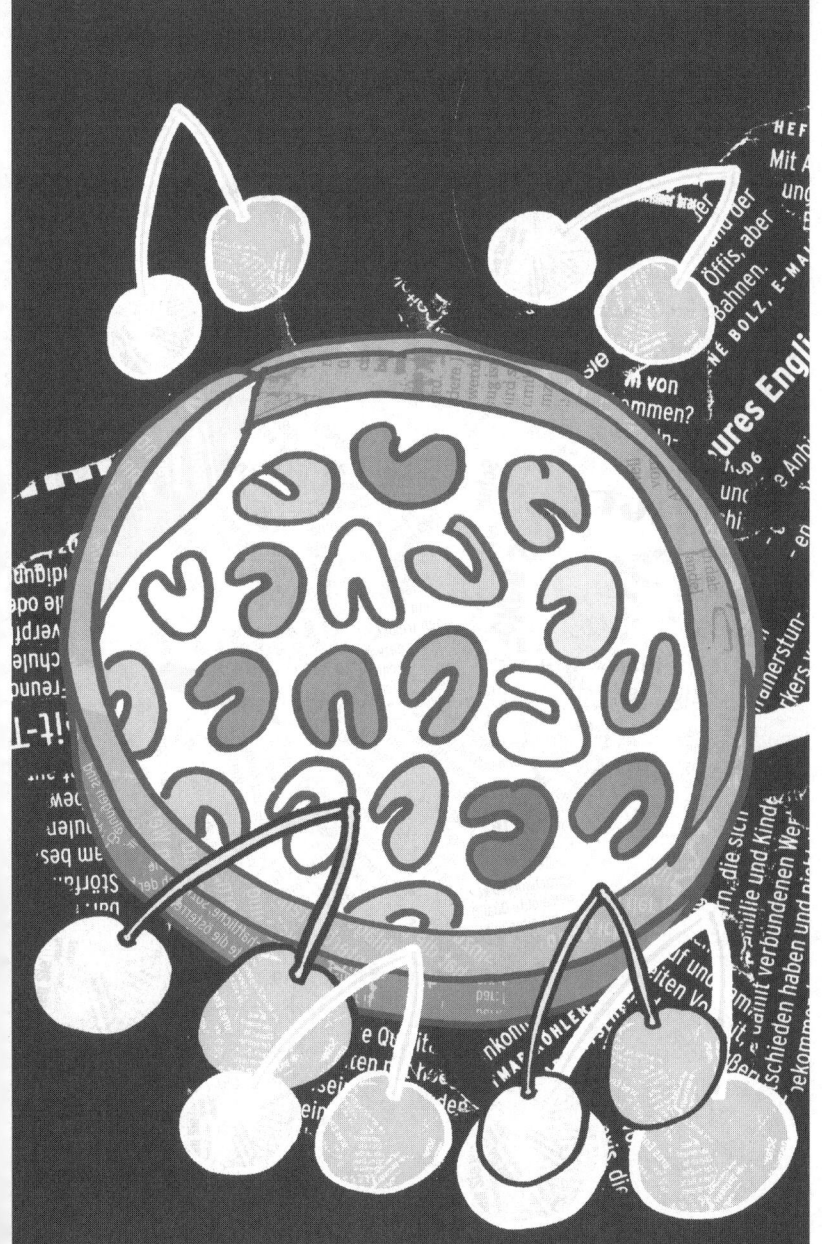

Desserts

Crème-Brûlée-Variationen

Für 2 Personen (pro Variation)

Grundmasse I:
- 685 g Sahne
- 3 Vanilleschoten

Vanille brûlée:
- 130 g Grundmasse I
- 22 g Eigelb
- 24 g Zucker

Rote Bohnen brûlée:
- 108 g Grundmasse I
- 18 g Eigelb
- 54 g rotes Bohnenpüree, passiert

Grundmasse II:
- 390 g Grundmasse I
- 66 g Eigelb
- 74 g Zucker

Pistazien brûlée:
- 177 g Grundmasse II
- 17 g Pistazienmark

Schokoladen brûlée:
- 177 g Grundmasse II
- 5 g Kakaopulver

Grüner Tee brûlée:
- 177 g Grundmasse II
- 2,5 g grünes Teepulver

1 Durch das Aufkochen und Abseihen von Sahne und Vanilleschoten erhält man Grundmasse I.
2 Durch Zusammenfügen von der ersten Grundmasse mit Eigelb und Zucker erhält man die zweite Grundmasse.
3 Alle Sorten in Schälchen abfüllen und bei 100 % Luftfeuchtigkeit und 84 °C ca. 30–35 Minuten im Backofen pochieren.

MARIO LOHNINGER, Silk, 60386 Frankfurt/Main

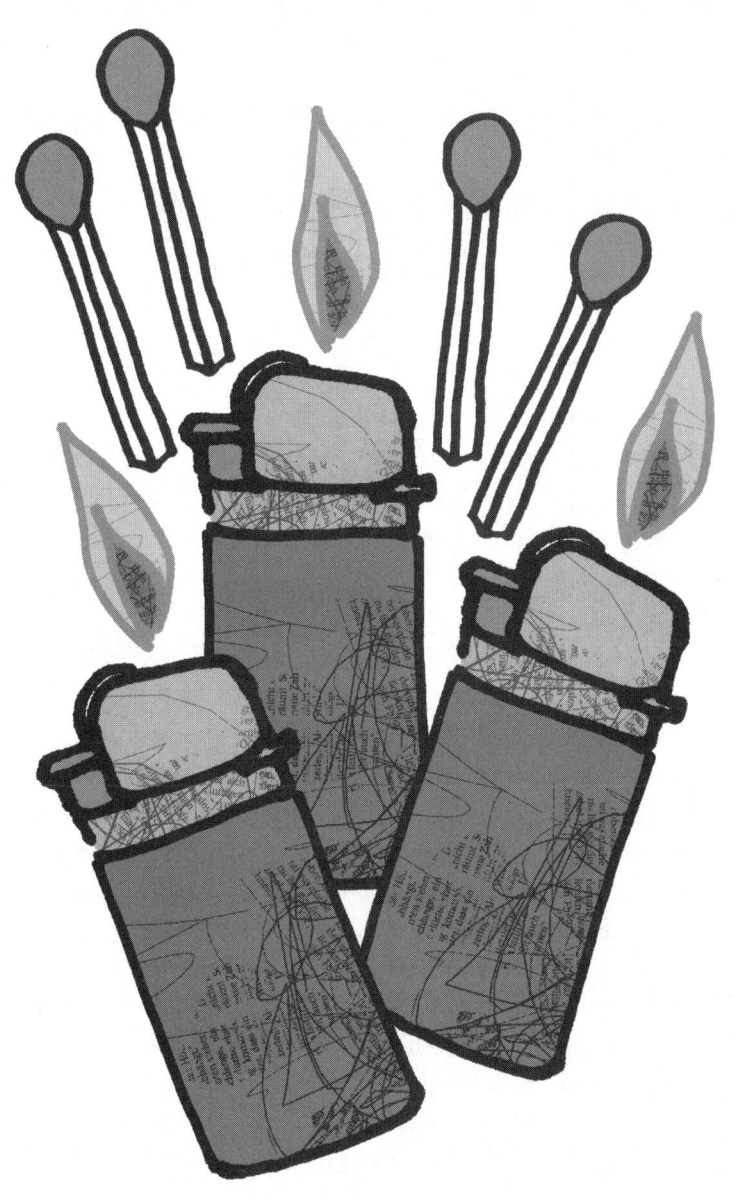

Soufflierter Apfel mit lauwarmem Apfel-Ragout

Für 2 Personen

- 3 Äpfel (Boskop oder Cox Orange)
- 2 getrocknete Aprikosen
- 2 getrocknete Pflaumen
- 4 Walnüsse
- 10 g Butter
- 1 EL Zucker

Soufflémasse:
- 40 g Quark
- 1 Eigelb
- 1 Eiweiß
- 30 g Zucker
- 1 TL geriebene Nüsse
- 1 TL Mehl

1 Von 2 Äpfeln gleichmäßig die Krone abschneiden (Stielseite nach unten); mit einem Gemüseausstecher die Äpfel zylinderförmig aushöhlen, ohne nach unten durchzustoßen. Das ausgehöhlte Fruchtfleisch mit etwas Zucker und Wein kochen, um eine Apfelsauce zu bekommen.

2 *Soufflémasse:* Den Quark glatt rühren, das Ei trennen, das Eiweiß steif schlagen. Sobald es fest zu werden beginnt, 15 g Zucker dazuschlagen. Eigelb und restlichen Zucker schaumig rühren, den Quark, die geriebenen Nüsse sowie das Mehl dazugeben und den Eischnee unterheben. Diese Masse in die Äpfel einfüllen, die Äpfel auf ein Blech setzen und im Ofen bei 180 °C

Desserts

backen. Die Soufflémasse hebt sich während des Backens aus dem Apfel, deswegen den Ofen nicht unnötig oft öffnen.

3 Den restlichen Apfel schälen und in 12 Teile schneiden. Die getrockneten Früchte in feine Streifen schneiden. Die Walnüsse ausbrechen und in gleichmäßig große Stücke zerteilen. In einer Pfanne die Butter erhitzen, die Apfelspalten mit den Früchten hineingeben, zuckern und alles in kurzer Zeit leicht karamellisieren.

4 Das Ragout auf einer Tellerhälfte anrichten, die soufflierten Äpfel aus dem Ofen nehmen und auf die Teller setzen. Je nach Wunsch kann man die Apfelsauce dazu servieren.

KARL EDERER, Ederer, 80333 München

Dampfnudeln mit Vanillesauce

Für 2 Personen

Hefeteig:
- 450 g Mehl
- 150 g Milch
- 5 g Salz
- 25 g Zucker
- 40 g Hefe
- 100 g Butter
- 2 Eier
- 2 Eigelb

Vanillesauce:
- ½ l Milch
- 6 Eigelb
- 100 g Zucker
- 1 Vanilleschote

1 Milch erwärmen, Hefe darin auflösen, 120 g Mehl dazugeben. Schüssel mit einem Tuch bedecken (Tuch darf den Teig nicht berühren) und an einem warmen Ort gehen lassen, bis sich sein Volumen verdoppelt hat. Das restliche Mehl, Salz, Zucker, Eier und Eigelb mit dem Vorteig verrühren, bis der Teig sich zusammenbindet. Dann die Butter dazugeben und schlagen, bis sich Blasen bilden. Die Schüssel wieder abdecken und den Teig gehen lassen.

2 Eine ofenfeste Form buttern. Den Teig in 80 g schwere Stücke abwiegen und in Kugeln rollen. Dann in die Form legen und mit einer gebutterten Alufolie abdecken. Erneut an einem warmen Ort gehen lassen.

3 Den Boden der Form mit Milch bedecken und ca. 40 g in Würfel geschnittene Butter zwischen die Kugeln legen. Die Milch in der Form aufkochen. Zugedeckt im vorgeheizten Ofen bei 200 °C ca. 40 Minuten backen.
4 *Vanillesauce:* Die Milch, 50 g Zucker und die Vanilleschote kochen. Eigelb und Zucker verrühren. Langsam mit einem Kochlöffel auf dem Dampfbad in der Milch rühren. Die Milch muss ganz langsam an den Wänden herunterlaufen, darf aber keinesfalls kochen. Dann ist sie gebunden. Die Milch passieren und kalt stellen. Ab und zu darin rühren.

LOTHAR EIERMANN, Wald- & Schlosshotel Friedrichsruhe, 74639 Öhringen

Desserts

Drambuiecreme mit Himbeeren

Für 2 Personen

- 0,125 l Milch
- 2 Eigelb
- 4 g Zucker
- 1,5 Blatt Gelatine
- 4 cl Drambuielikör
- 0,125 l Sahne

- Löffelbiskuit
- 500 g Himbeeren
- Zucker
- Minzeblatt
- Vanillesauce (falls vorhanden)

1 Die Gelatine in kaltem Wasser einweichen. Das Eigelb mit dem Zucker aufschlagen und die Milch aufkochen. Von der aufgekochten Milch etwas zum Eigelb geben, verrühren und wieder der heißen Milch zufügen. Mit einem Holzlöffel in der Milch rühren, bis diese fast kocht. Die Milch darf jedoch nicht kochen, sonst flockt das Eigelb aus, und die Creme gerinnt. Sofort durch ein feines Sieb in eine Schüssel geben. Die eingeweichte Gelatine ausdrücken und der Creme zufügen, anschließend die Creme kalt stellen. Kurz vor dem Anziehen der Crememasse den Drambuielikör und die geschlagene Sahne unterheben.

2 Den Löffelbiskuit halbieren und mit Drambuielikör tränken, dann an die Innenwand von kleinen Ringformen stellen. Die Creme in Ringformen füllen, der Biskuit sollte noch ca. ½ cm

herausragen. Nach dem Erkalten der Creme die frischen Himbeeren daraufsetzen.

3 Von den restlichen Himbeeren eine Sauce herstellen. Die Himbeeren im Mixglas mit etwas Zucker pürieren und durch ein feines Sieb drücken, evtl. mit etwas Rotwein verdünnen.

4 *Anrichten:* Die Creme mit den Himbeeren in die Mitte des Tellers geben, mit etwas Himbeer- und, falls vorhanden, Vanillesauce verzieren.

KARL WANNEMACHER, Alt Luxemburg, 10627 Berlin

Desserts

Gratin von Erdbeeren mit Erdbeereis

Für 2 Personen

Erdbeeren:
- 16 schöne reife Erdbeeren
- Puderzucker
- Grand Marnier

Gratiniermasse:
- 1 Eigelb
- 25 g Puderzucker
- abgeriebene Schale von ¼ Orange
- abgeriebene Schale von ¼ Zitrone
- ½ TL Vanillepulver
- 20 g Magerquark
- 1 Eiweiß
- 25 g Zucker
- Salz
- Grand Marnier

Erdbeereis:
- 250 ml Sahne
- 250 ml Erdbeerpüree
- 6 Eigelb
- 100 g Zucker
- 4 cl Erdbeer-Likör

1 Die Erdbeeren vorsichtig waschen, den Strunk entfernen und in mundgerechte Stücke schneiden. Alles mit Puderzucker und Grand Marnier marinieren. Dekorativ auf Tellern anrichten. Die Gratiniermasse locker über die Erdbeeren geben, sofort in den Backofen stellen und bei 220 °C Oberhitze gratinieren.

2 *Gratiniermasse:* Das Eigelb mit dem Puderzucker cremig weiß schlagen. Die Eigelbmasse mit der Orangen-Zitronenschale

und dem Vanillepulver vorsichtig unter den Magerquark heben. Das Eiweiß mit Zucker, Salz und Zitronensaft zu einer festen, aber cremigen Masse aufschlagen. Diese unter die Eigelb-Quark-Masse heben.

3 *Erdbeereis:* Das Eigelb mit dem Zucker cremig weiß schlagen, erwärmte Sahne beigeben und im Wasserbad zur Rose (82 °C) aufschlagen. Erdbeerpüree unterheben, passieren und sofort auf Eiswasser auskühlen. In der Eismaschine gefrieren.

BERNHARD DIERS, Zirbelstube im Hotel Am Schlossgarten, 70173 Stuttgart

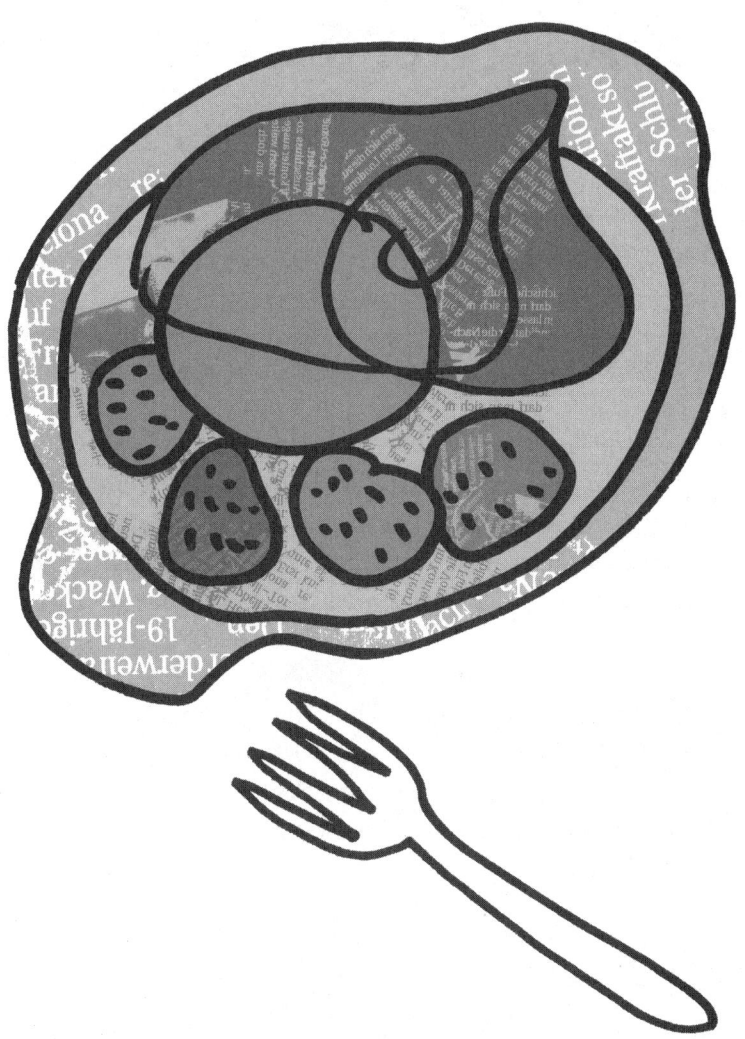

Desserts

Heidelbeersoufflé

Für 2 Personen

- 80 g Heidelbeeren
- 50 g Quark
- 50 g Zucker
- 4 Eier (2 Eigelb, 4 Eiweiß)
- 1 Prise Zimt

1 Die Heidelbeeren waschen und von den kleinen Stielen befreien, wenn nötig anschließend pürieren. Das Heidelbeerpüree mit dem Quark, Zucker, Eigelb und dem Zimt verrühren. Das Eiweiß mit dem Zucker zu einer steifen Masse schlagen. Vorsichtig den Eischnee unter die Heidelbeer-Quark-Masse heben.

2 Ein Backblech mit ca. 1 cm Wasser füllen, in den Ofen schieben und auf 180 °C vorheizen. Die Souffléförmchen (ersatzweise Kaffeetassen) mit Butter leicht einfetten und mit Zucker ausstreuen. Die Soufflémasse bis ca. 1–2 mm unter den Rand einfüllen, dann auf das vorgeheizte Blech mit Wasser stellen und 20 Minuten backen, bis das Soufflé gut aufgegangen ist. Dann sofort servieren.

DIETER KAUFMANN, Zur Traube, 41515 Grevenbroich

Desserts

Karamellisierte Gewürzgrießnocken mit Zwetschgenröster

Für 2 Personen

Gewürzgrießnocken:

- 600 ml Milch
- 65 g Butter
- 125 g Hartweizengrieß
- 1 Eigelb
- ½ Zimtstange
- abgeriebene Schale von 1 Zitrone
- abgeriebene Schale von 1 Orange
- Garam Masala (Asia Laden)
- 1 TL Vanillezucker
- Butterschmalz
- Staubzucker zum Karamellisieren

Zwetschgenröster:

- 150 g reife Zwetschgen bzw. Pflaumen
- 80 g Zucker
- ½ Zimtstange
- 1 TL Speisestärke
- ¼ l roter Traubensaft

1 Die Milch mit den Gewürzen zusammen aufkochen und ca. 1 Stunde ziehen lassen. Den Grieß unter ständigem Rühren einrieseln lassen und leicht vom Topfboden abbrennen lassen. Abseits der Hitze das Eigelb einrühren und in ein flaches Gefäß

füllen. Sofort glatt streichen und mit einer Klarsichtfolie abdecken. Ca. 2 Stunden kalt stellen.

2 Die Masse in ca. 4 cm große Rauten schneiden und in Butterschmalz mit leichter Farbe anbraten. Mit Staubzucker bestreuen und mit starker Oberhitze (Ofen) leicht karamellisieren.

3 *Röster:* Die Zwetschgen halbieren, entkernen und vierteln. Den Zucker hell karamellisieren und mit dem Traubensaft ablöschen. Zimt dazugeben und leicht reduzieren lassen. Mit der angerührten Speisestärke binden und nochmals durchkochen lassen. Nun die Zwetschgen einlegen und einmal langsam aufkochen lassen. Noch warm zu den Grießnocken servieren. Evtl. noch gesüßte Sahne zugeben.

BERND BACHOFER, Bachofer Cafe – Restaurant – Weine, 71332 Waiblingen

Mandel-Panna-Cotta mit Pfeffereis und Ragout von Zitrusfrüchten

Für 2 Personen

- ¼ l Sahne
- 50 g Zucker
- ½ Vanilleschote
- 2 Blatt Gelatine
- 80 g Mascarpone
- 20 g geröstete Mandelblättchen

Eis:
- ¼ l Sahne
- 60 g Zucker
- 1 Vanilleschote
- 1 KL rosa Pfeffer
- 1 KL grüner Pfeffer
- Pernod

Ragout von Zitrusfrüchten:
- 2 unbehandelte Orangen
- 2 unbehandelte Grapefruits
- ¼ l Orangensaft
- 60 g Zucker

1 Sahne mit Zucker und dem Mark der Vanilleschote aufkochen. Die eingeweichte und ausgedrückte Gelatine zugeben, Mascarpone einrühren und die gerösteten Mandelblättchen zugeben. In Förmchen füllen und kalt stellen. Stürzen.
2 Eis: Sahne mit Zucker und der ausgekratzten Vanilleschote aufkochen und abkühlen. Getrockneten grünen und rosa Pfeffer

Desserts

zerbröseln und unter die Sahne rühren. Einen Spritzer Pernod zugeben und in der Eismaschine frieren.

3 Von den Orangen und Grapefruits die Schale dünn abschälen, in feinste Streifen (Zesten) schneiden, in kochendem Wasser kurz blanchieren und die Früchte filieren. Orangensaft mit Zucker und den Zesten sirupartig einkochen und über die angerichteten Filets geben. Die Panna Cotta dazusetzen und mit einer Kugel Eis vollenden.

DIETER GRUBERT, Titus, 30519 Hannover

Desserts

Panna cotta auf Erdbeeren

Für 2 Personen

- ¼ l Sahne
- 2 EL Zucker
- ¼ Vanilleschote
- 2 EL Zucker für Karamell
- 100 g Erdbeeren
- 1 Blatt Gelatine

1 Zucker in einer Pfanne bei kleiner Flamme karamellisieren, bis eine goldgelbe Farbe erreicht ist. In Kaffeetassen je einen Löffel Karamell geben.
2 Die Sahne in einem Topf erhitzen. Zucker, Vanille und die in kaltem Wasser eingeweichte und ausgedrückte Gelatine in die Sahne geben. Verrühren, bis die Gelatine geschmolzen ist, dann in die Formen füllen und für 4 Stunden im Kühlschrank kalt werden lassen.
3 Die Erdbeeren schneiden, auf dem Teller gefällig anrichten, die Panna Cotta aus den Kaffeetassen nehmen und daraufsetzen.

GRECO CARMELOS, Osteria Enoteca, 60489 Frankfurt/Main

Pfirsich in der Folie mit Portweinsabayon und Himbeeren

Für 2 Personen

- 2 große Pfirsiche (Weinbergpfirsiche oder weiße Pfirsiche, wenn vorhanden)
- ¼ Bourbon-Vanillestange
- 20 g Butter
- 1 kleine Zimtstange, längs halbiert
- 100 g frische Himbeeren
- 50 g Himbeeren
- 20 g Zucker für Himbeermark
- 4 cl weißer Portwein
- 1 cl Weißwein
- 2 Eigelb
- 30 g Zucker
- 2 Zitronenmelisseblätter

1 Die Pfirsiche mit dem Messer über Kreuz leicht einritzen und in kochendem Wasser ca. 20–30 Sekunden blanchieren, bis sich die Haut abziehen lässt, und direkt in Eiswasser abschrecken. Jetzt von den Pfirsichen die Haut abziehen und mit Hilfe eines kleinen Messers sowie eines Löffels den Pfirsich von oben leicht aushöhlen und den Stein entfernen.

2 Das Stück Vanillestange längs aufschneiden, das Mark auskratzen und mit der weichen Butter vermengen.

3 In die Öffnungen der Pfirsiche jeweils 3–4 Himbeeren, ein

Stück Vanillestange sowie ein Stück Zimtstange geben und zum Schluss etwas von der Vanillebutter obenauf geben. Die Pfirsiche einzeln gut in Alufolie verpacken. Die Pfirsiche auf einem Blech in den vorgeheizten Backofen schieben, bei 150 °C ca. 15–20 Minuten garen.

4 50 g Himbeeren für das Mark mit dem Zucker mischen, ganz kurz mit der Maschine mixen, danach durch ein feines Sieb streichen, um die Kerne zu entfernen, ebenfalls zur Seite stellen.

5 Für die Sabayon das Eigelb mit Zucker, dem weißen Portwein und dem Weißwein in eine Rührschüssel geben und über einem passenden Topf mit siedendem Wasser mit dem Schneebesen schön schaumig aufschlagen. Die Sabayon sollte schaumig sein und trotzdem auch einen guten Stand haben. Dabei aber aufpassen, dass die Masse nicht zu heiß wird, sonst erhält man unerwünschte Klümpchen.

6 *Anrichten:* In die Mitte von kleinen, tiefen Tellern je 2 Löffel von dem Portweinschaum geben, die Pfirsiche aus der Folie nehmen und jeweils in der Mitte darauf platzieren. Die Himbeeren mit dem Himbeermark schön außen herum anrichten, mit dem Melisseblatt garnieren und sofort servieren.

ANDREAS KROLIK, Park-Restaurant in Brenner's Park-Hotel & Spa, 76530 Baden-Baden

Desserts

Reisauflauf mit Apfelkompott

Für 2 Personen

Reisauflauf:
- 300 ml Milch
- 80 g Milchreis
- 1 TL abgeriebene Zitronenschale
- Salz
- 2 Eier
- 40 g Zucker
- 20 g Butter
- Butter zum Ausfetten der Auflaufform

Kompott:
- 400 g Äpfel (z. B. Boskop)
- 150 ml Wasser
- 2 EL Zucker
- Zimt

1 Die Milch zum Kochen bringen. Reis, Zitronenschale und Salz zugeben und ca. 30 Minuten quellen lassen (bzw. bei sehr geringer Hitze köcheln).
2 Die Eier trennen. Eigelb, Zucker und Butter schaumig rühren und den etwas abgekühlten Milchreis untermengen. Eiweiß zu Schnee schlagen und diesen vorsichtig unterheben. Dann die Reismasse in eine gefettete Auflaufform geben und im Backofen bei 180 °C ca. 20–30 Minuten garen.
3 *Kompott:* Äpfel dünn schälen, in Viertel schneiden und das

Desserts

Kerngehäuse ausschneiden. Nach Belieben Apfelviertel noch halbieren. In einen Topf 150 ml Wasser, Zucker und die Apfelstücke geben. Aufkochen und dann zugedeckt die Äpfel bei schwacher Hitze ca. 8 Minuten weich und glasig dünsten. Mit einer Prise Zimt abschmecken.

Den Reisauflauf mit dem Apfelkompott servieren.

Vincent Klink, Wielandshöhe, 70597 Stuttgart

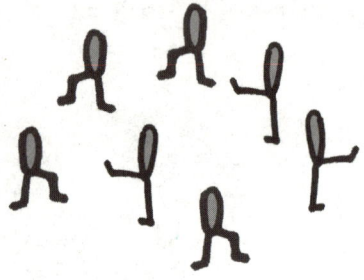

Desserts

Warmer Schwarzbrot-Pudding auf Carpaccio von Blutorangen

Für 2 Personen

- 50 g Butter
- 30 g Zucker
- 3 Eier, getrennt
- 55 g trockenes Schwarzbrot, gemahlen
- 20 g helle Biskuitbrösel
- 30 g Schokoraspel
- Butter und Zucker für die Förmchen

Carpaccio:
- 4 Blutorangen
- 100 g Zucker
- Mark von ½ Vanilleschote
- 2 cl Cointreau

1 Für den Schwarzbrotpudding Butter und Zucker schaumig rühren, Eigelb nach und nach zugeben. Eiweiß steif schlagen, abwechselnd mit Schwarzbrot-, Biskuitbröseln und Schokoraspeln unterheben. 2 Puddingförmchen mit Butter auspinseln und mit Zucker ausstreuen. Die Masse einfüllen und im Backofen im Wasserbad bei 190 °C ca. 18 Minuten gar ziehen lassen.

2 *Carpaccio:* 2 Blutorangen schälen, dabei die weiße Innenhaut abziehen, die Orangen in dünne Scheiben schneiden. Die restlichen Blutorangen entsaften. Den Zucker karamellisieren, mit

dem Saft ablöschen, Vanillemark untermischen und die Flüssigkeit reduzieren. Zum Schluss den Cointreau zugeben.
3 Die Blutorangenscheiben fächerförmig auf Tellern auslegen, mit dem Sirup marinieren und durchziehen lassen. Den Pudding aus der Form stürzen und auf dem Carpaccio anrichten.

KARL-EMIL KUNTZ, Hotel-Restaurant Krone, 76863 Herxheim

Zweierlei von Topfen und Rhabarber

Für 2 Personen

Topfengratin:
- 150 g Quark
- 2 Eigelb
- Zitronenschale
- Orangenschale
- 2 Eiweiß
- 30 g Zucker
- Prise Salz

Topfenknödel:
- 150 g Schichtkäse (Magerstufe)
- 1 Eigelb
- Zitronenschale
- Orangenschale
- 15 g Puderzucker
- 30 g Weißbrotbrösel ohne Rinde
- 50 g gehackte Kürbiskerne
- 50 g Zucker
- 20 g Semmelbrösel

Rhabarberkompott:
- 250 g Rhabarber
- 50 g Zucker
- Vanille
- Speisestärke

1 *Topfengratin:* Den Quark, das Eigelb, die Zitronen- und Orangenschale verrühren. Das Eiweiß mit Zucker aufschlagen und unterheben. Etwas Rhabarberkompott in die gebutterten und gezuckerten Formen geben, mit Quarkmasse auffüllen und im Ofen bei 160 °C ca. 15 Minuten backen. Dazu passt Vanilleeis.
2 *Topfenknödel:* Schichtkäse ausdrücken, mit Eigelb, Zitronen- und Orangenschale, gesiebtem Puderzucker verrühren, mit

Weißbrotbröseln binden. Kleine Knödel in leicht gesalzenem Wasser ca. 7 Minuten abkochen. Gehackte Kürbiskerne, Zucker und Semmelbrösel vermischen. Die gekochten Topfenknödel in den Kürbiskern-Bröseln wenden.

3 *Rhabarberkompott:* Den Rhabarber schälen, in Scheiben schneiden, zuckern und ca. 2 Stunden stehen lassen. Zu dem entstandenen Sud die Vanille zugeben. Rhabarber dann bissfest am Herd gar ziehen lassen. Den Sud mit etwas Speisestärke abziehen.

              ULRICH HELDMANN, Concordia-Heldmann's Restaurant, 42853 Remscheid

DIE STERNE-KÖCHINNEN
UND STERNE-KÖCHE

Viele Köche verderben den Brei? Ganz im Gegenteil. Viele Köche bringen viele Ideen. Jeder aus einer anderen Ecke Deutschlands, jeder mit seiner eigenen Begabung, Rezepte zu zaubern, die überraschen, köstlich munden und nicht viel mehr als 5 Euro kosten. Danke für den Beitrag, der eine weitere Grundlage schafft, soziale Anliegen zu unterstützen.

Clemens Baader 242
Berghotel Baader
Salemer Straße 5
88633 Heiligenberg
www.hotel-baader.de

Bernd Bachofer 270
Bachofer Cafe – Restaurant –
Weine
Marktplatz 6
71332 Waiblingen
www.bachofer.info

Thomas Balensiefer 138
Hotel & Restaurant Villa
Hammerschmiede
Hauptstraße 162
76327 Pfinztal
www.villa-hammerschmiede.de

Albert Baur 197
Landhaus Baur
Lippmannweg 15
64405 Fischbachtal
www.landhausbaur.de

Jörg Behrend 220
Vivaldi im Schlosshotel in
Grunewald
Brahmsstraße 10
14193 Berlin
www.schlosshotelberlin.com

Roland Behrens 135
Genießerhotel Almhof Rupp
Walser Straße 83
87567 Riezlern/Kleinwalsertal
www.almhof-rupp.at

Die Sterne-Köchinnen und Sterne-Köche

Thilo Bischoff 42
Reiterzimmer im Alpenhof
Murnau
Ramsachstraße 8
82418 Murnau
www.alpenhof-murnau.com

Markus Bischoff 141
Bischoff am See
Restaurant – Bar – Hotel
Schwaighofstraße 53
83684 Tegernsee
www.bischoff-am-see.de

Holger Bodendorf 39
Bodendorf's im Landhaus Stricker
Boy-Nielsen-Straße 10
25980 Sylt
www.landhaus-stricker.de

Jens Bomke 132
Ringhotel Bomke
Kirchplatz 7
59329 Wadersloh
www.hotel-bomke.de

Matthias Buchholz 156
First Floor im Hotel Palace
Budapester Straße 45
10787 Berlin
www.firstfloor.palace.de

Thomas Bühner 222, 252
La Vie
Krahnstraße 1–2
49074 Osnabrück
www.restaurant-lavie.de

Raffaelle Cannizzaro 125
Schwarzenstein im Hotel Burg
Schwarzenstein
Rosengasse 32
65366 Geisenheim-Johannisberg
www.burg-schwarzenstein.de

Greco Carmelos 276
Osteria Enoteca
Arnoldshainer Straße 2
60489 Frankfurt/Main
www.osteria-enoteca.de

Roberto Carturan 72
Ristorante Alfredo
Tunisstraße 3
50667 Köln
www.ristorante-alfredo.com

Jens Dannenfeld 170
L'escalier
Brüsseler Straße 11
50674 Köln
www.lescalier-restaurant.de

Die Sterne-Köchinnen und Sterne-Köche

Andreas Deschamps 100
V.M. 1
Borngasse 16
64319 Pfungstadt

Bernhard Diers 188, 265
Zirbelstube im Hotel Am Schlossgarten
Schillerstraße 23
70173 Stuttgart
www.hotelschlossgarten.com

Karl Ederer 256
Ederer
Kardinal-Faulhaber-Straße 10
80333 München
www.restaurant-ederer.de

Gunter Ehinger 88
Oberländer Weinstube
Akademiestraße 7
76133 Karlsruhe
www.oberlaender-weinstube.de

Friedrich Eickhoff 233
Landhaus Götker
Tiemanns Hof 1
49459 Lembruch
www.landhaus-goetker.de

Lothar Eiermann 259
Wald- & Schlosshotel Friedrichsruhe
Zweiflingen-Friedrichsruhe
74639 Öhringen
www.friedrichsruhe.de

Tobias Eisele 36
Schreiegg's Post
Postgasse 1
86470 Thannhausen
www.schreieggs-post.de

Sven Elverfeld 82
Aqua im Hotel Ritz-Carlton
Stadtbrücke
38440 Wolfsburg
www.ritzcarlton.com

Marcello Fabbri 227
Anna Amalia im Hotel Elephant
Markt 19
99423 Weimar
www.luxurycollection.com/elephant

Gutbert Fallert 206
Restaurant Fallert im Hotel Talmühle
Talstraße 36
77887 Sasbachwalden
www.talmuehle.de

Franz Feckl 50
Landhaus Feckl
Keltenweg 1
71139 Ehningen
www.landhausfeckl.de

Fabian Feldmann 63
Gastronomique »Im Schwarzen Adler«
Hauptstraße 19
90562 Heroldsberg
www.gastronomique.de

Michael Fell 60
Dichterstub'n im Park-Hotel Egerner Hof
Aribostraße 19–25
83700 Rottach-Egern
www.egerner-hof.de

Henry Oskar Fried 192
Köhlerstube im Hotel Traube Tonbach
Tonbachstraße 237
72270 Baiersbronn
www.traube-tonbach.de

Mario Gamba 164
Acquarello
Mühlbaurstraße 36
81677 München
www.acquarello.de

Jörg Glauben 230
Romantik Hotel Landschloss Fasanerie
Fasanerie 1
66482 Zweibrücken
www.landschloss-fasanerie.de

Martin Göschel 214
Tiger-Restaurant
Heiligenkreuzgasse 16–20
60313 Frankfurt/Main
www.tigerpalast.de

Dieter Grubert 273
Titus
Wiehbergstraße 98
30519 Hannover
www.gourmetguide.com/titus

Hans Haas 203
Tantris
Johann-Fichte-Straße 7
80805 München
www.tantris.de

Karlheinz Hauser 184
Seven Seas im Süllberg Hotel
Süllbergsterrasse 12
22587 Hamburg
www.suellberg-hamburg.de

Die Sterne-Köchinnen und Sterne-Köche

Oliver Heilmeyer 80
Restaurant 17fuffzig im Hotel Zur
Bleiche Resort & Spa
Bleichestraße 16
03096 Burg/Spreewald
www.hotel-zur-bleiche.com

Ulrich Heldmann 287
Concordia-Heldmann's Restaurant
Brüderstraße 56
42853 Remscheid

Nils Henkel 47
Restaurant Dieter Müller im
Schlosshotel Lerbach
Lerbacher Weg
51466 Bergisch Gladbach
www.schlosshotel-lerbach.com

Rainer Hensen 196
Burgstuben-Residenz
Feldstraße 50
52525 Heinsberg
www.burgstuben-residenz.de

Christian Henze 217
Landhaus Henze
Wohlmutser Weg 2
87463 Probstried
www.landhaus-henze.de

Martin Herrmann 94
Le Pavillon im Hotel Dollenberg
Dollenberg 3
77740 Bad Peterstal
www.dollenberg.de

Joachim Heß 211
Goldener Pflug
Ortsstraße 40
69253 Heiligenkreuzsteinach
www.goldener-pflug.com

Gunnar Hinz 200
Das Kleine Rote
Holstenkamp 71
22525 Hamburg
www.das-kleine-rote.de

Hans Horberth 118
Restaurant Villa Merton
im Union International Club
Am Leonhardsbrunn 12
60487 Frankfurt/Main
www.kofler-company.de

Josef Hubertus 167, 224
Hotellerie Hubertus
Metzer Straße 1
66636 Tholey
www.hotellerie-hubertus.de

Die Sterne-Köchinnen und Sterne-Köche

Franz Hütter 162
»Zur Tant«
Rheinbergstraße 49
51143 Köln
www.zurtant.de

Herbert Jungbluth 176
Kräutergarten
Töpferstraße 30
53343 Bonn

Thomas Kahl 111
Le Val d'Or in Johann Lafers
Stromburg
Schlossberg
55442 Stromberg
www.stromburghotel.de

Thomas Kammeier 56
Hugos im Hotel InterContinental
Budapester Straße 2
10787 Berlin
www.hugos-restaurant.de

Armin Karrer 172
Zum Hirschen
Hirschstraße 1
70734 Fellbach
www.zumhirschen-fellbach.de

Dieter Kaufmann 181, 268
Zur Traube
Bahnstraße 47
41515 Grevenbroich
www.relaischateaux.com/
zurtraube

Vincent Klink 239, 281
Wielandshöhe
Alte Weinsteige 71
70597 Stuttgart
www.wielandshoehe.com

Mario Kotaska 105
La Societé
Kyffhäuserstraße 53
50674 Köln
www.lasociete.info

Andree Köthe 151
Essigbrätlein
Weinmarkt 3
90403 Nürnberg
www.ich-brauche-keine-
homepage.de/Restaurants/
nuernberg_essigbraetlein.htm

Thomas Kraus 144
Schachener Hof
Schachener Straße 76
88131 Lindau
www.schachenerhof-lindau.de

Die Sterne-Köchinnen und Sterne-Köche

Gisela Kreus 248
St. Benedikt
Benediktusplatz 12
52076 Aachen
www.stbenedikt.de

Andreas Krolik 278
Park-Restaurant in Brenner's Park-
Hotel & Spa
Schillerstraße 4–6
76530 Baden-Baden
www.brenners.com

Karl-Emil Kuntz 284
Hotel-Restaurant Krone
Hauptstraße 62–64
76863 Herxheim
www.hotelkrone.de

Johann Lafer 208
Le Val d'Or im Hotel Stromburg
Schlossberg
55442 Stromberg
www.stromburghotel.de

Hermann Laudensack 74
Laudensacks Parkhotel
Kurhausstraße 28
97688 Bad Kissingen
www.laudensacks-parkhotel.de

Mario Lohninger 254
Silk
Carl-Benz-Straße 21
60386 Frankfurt/Main
www.cocoonclub.net

Christian Lohse 236
Fischers Fritz im Hotel The Regent
Charlottenstraße 49
10117 Berlin
www.theregentberlin.com

Dieter Luther 246
Luther
Hauptstraße 29
67251 Freinsheim
www.luther-freinsheim.de

Dieter Müller 108
Restaurant Dieter Müller im
Schlosshotel Lerbach
Lerbacher Weg
51465 Bergisch Gladbach
www.schlosshotel-lerbach.com

Alexandro Pape 114
Hotel & Restaurant Fährhaus
Heefwai 1
25980 Sylt
www.faehrhaus-sylt.de

Die Sterne-Köchinnen und Sterne-Köche

Olaf Pruckner 186
Amtskeller im Hotel
Altes Amtshaus
Kirchbergweg 3
74673 Ailringen
www.altesamtshaus.de

Wolfgang Raub 66
Raub's Restaurant/Kreuz-Stüberl
Hauptstraße 41
76456 Kuppenheim
www.raubs-restaurant.de

Jörg Sackmann 102
Gourmetrestaurant Schlossberg
im Hotel Sackmann
Murgtalstraße 602
72270 Baiersbronn
www.hotel-sackmann.de

Christian Scharrer 159
Imperial im Schlosshotel
Bühlerhöhe
Schwarzwaldhochstraße 1
77815 Bühl
www.buehlerhoehe.de

Stephan Schilling 116
Schillingshof
Lappstraße 14
37133 Friedland
www.schillingshof.de

Detlef Schlegel 148
Stadtpfeiffer
Augustusplatz 8
04109 Leipzig
www.stadtpfeiffer.de

Burkhard Schork 250
Friedrich von Schiller
im Hotel Schiller
Marktplatz 5
74321 Bietigheim-Bissingen
www.friedrich-von-schiller.com

Wolfgang Staudenmaier 58
Da Gianni
R7, 34
68161 Mannheim
www.da-gianni.de

Jörg Steinbach 154
Zirbelstube im Hotel Victoria
Poststraße 2–4
97980 Bad Mergentheim
www.victoria-hotel.de

Hans Stefan Steinheuer 77
Steinheuers Restaurant
Zur Alten Post
Landskroner Straße 110
53474 Bad Neuenahr
www.steinheuers.de

Ulrike Stoebe 69
Landhaus Mühlenberg
Mühlenberg 2
54313 Daufenbach
www.landhaus-muehlenberg.de

Rolf Straubinger 178
Burg Staufeneck
73084 Salach
www.burg-staufeneck.de

Karl Wannemacher 53, 262
Alt Luxemburg
Windscheidstraße 31
10627 Berlin
www.altluxemburg.de

Sarah Wiener 85
Sarah Wiener GmbH
Chausseestraße 8
10115 Berlin
www.sarahwiener.de

Christopher Wilbrand 44
Zur Post
Altenberger-Dom-Straße 23
51519 Odenthal
www.hotel-restaurant-zur-post.de

Harald Wohlfahrt 129
Schwarzwaldstube im Hotel
Traube Tonbach
Tonbachstraße 237
72270 Baiersbronn
www.dieschwarzwaldstube.de

Johannes Wuhrer 122
Falconera
Zum Mühlental 1
78337 Öhningen
www.restaurant-falconera.de

Ralf Zacherl 97
www.ralf-zacherl.de

DANKESCHÖN!

Wie bei so vielen Projekten ist es eine Sache, eine Idee zu entwickeln. Und eine andere, sie zu realisieren. So ist es auch bei diesem Kochbuch. Die Idee entstand im österreichischen Verein neunerHAUS, die Umsetzung entwickelte sich in enger Zusammenarbeit mit dem Verein Armut und Gesundheit in Deutschland. Aber nur durch die Mitarbeit einiger unglaublich fleißiger und engagierter Menschen halten Sie jetzt dieses Buch in Ihren Händen.

Danke an das gesamte Team

Danke an **Anita Zimmermann**, Dipl.-Sozialpädagogin, die es mit emsigem Fleiß schaffte, die Teams zu organisieren, alle Termine unter einen Hut zu bringen, und es mit viel Einfühlungsvermögen bewerkstelligte, dass die Interviews zustande kamen.

Danke an **Prof. Dr. Gerhard Trabert**, Sozialarbeiter und Arzt, der durch seine Arbeit einen wichtigen Beitrag im Leben wohnungs- und obdachloser Menschen leistet, das Bewusstsein für Menschen am Rande der Gesellschaft stärkt und nicht locker lässt, wenn es um soziale Gleichberechtigung geht.

Danke an **Gisela Bill**, die sich als Geschäftsführerin des Vereins Armut und Gesundheit in Deutschland stark und ideenreich für PR und die Vermarktung des Buches einsetzte.

Danke an **Christian Tschira**, der durch seine Fotografien das Leben von Menschen ohne Obdach oder ohne Wohnung einfing und etwas von ihrem Alltag in ehrlicher und unprätentiöser Art widerspiegelte.

Danke an **Cornelia, Christine, Christian, Michael, Sonert, Uwe** und **Wolfgang**, die sich die Zeit für Rezepte und Gespräche nahmen. Danke dafür, dass manche von ihnen auch den Mut fanden, über ihr Leben zu berichten und offen das auszusprechen, was nicht leicht auszusprechen ist.

Dankeschön!

Danke an **Martin Roos**, den Diplom-Pädagogen, der durch seine Arbeit und seinen Einsatz einen Unterschied im Leben der Kinder und Jugendlichen in der Zwerchallee ausmacht.

Danke an **Michael Walk**, der die Kooperation mit dem Verein Armut und Gesundheit in Deutschland startete und seine Erfahrungen für das Kochbuch »Sterneküche« gerne weitergab.

Danke an **Nicole D. Käser**, die mit ihren einzigartigen Illustrationen dem Kochbuch »Sterneküche« ein ganz besonderes, individuelles Gesicht verlieh.

Danke an **Marianne Prutsch**, die Meisterin der Gestaltung, die aus Zutaten wie Typographie, Farben, Texturen, Rezepten, Geschichten und Illustrationen ein Ganzes machte, das viel Freude bereitet.

Danke an **Gabi Weiss**, die die Lebens- und Alltagsgeschichten wohnungs- und obdachloser Menschen eingefangen und in liebevoller Weise wiedergegeben hat.

Danke an **Helmut Deutsch**, der als Diplom-Pädagoge an der Gastgewerbefachschule die Rezepte in Einklang brachte und darauf achtete, dass alle Zutaten auch richtig angeführt wurden.

Danke an **Hubert Krenn**, den Verleger, der durch viel Engagement aus einer guten Idee ein gutes Kochbuch machte. Und ihm jede erdenkliche Starthilfe gibt.

Danke an Sie, liebe Leserinnen und Leser, Köchinnen und Köche

Für Ihre Solidarität, für Ihr Hinschauen auf jene Menschen, die es im Leben nicht so leicht haben. Danke dafür, dass Sie dieses Projekt unterstützen und damit Nährboden für neue Ideen schaffen. Ideen, die Menschen zugute kommen, die – aus welchem Grund auch immer – den Boden unter den Füßen verloren haben. Und ihn nun Schritt für Schritt zurückerobern.
Danke!

VERWENDETE ABKÜRZUNGEN

kg	Kilogramm	**TL**	Teelöffel
g	Gramm	**KL**	Kaffeelöffel
l	Liter	**Pkg.**	Packung
dl	Deziliter	**Stk.**	Stück
cl	Zentiliter	**Bd.**	Bund
ml	Milliliter	**Msp.**	Messerspitze
EL	Esslöffel		

GLOSSAR

Barigoule
französische Artischocken-Zubereitungsart mit Thymian

Bourride
provenzalisches Fischgericht

Brägele
Bratkartoffeln, mit Speck oder Zwiebeln angebraten

Chorizo
spanische Paprikawurst

Clafoutis
Kirschauflauf

confieren
das Garstück (kann auch ein Fleisch sein) im Öl gar ziehen lassen

Crépinette
Gericht im Schweinsnetz

Drambuie
berühmter Likör aus altem, schottischem Whisky

glacieren
Überglänzen von Speisen mit dem eigenen Saft

glasieren
Überziehen mit Glasur

Julienne
fein geschnittene Streifen

Läuterzucker
konzentrierte Zucker-Wasser-Lösung (1:1)

Melasse
Rückstand aus der Zuckergewinnung

Pancetta
gesalzener und luftgetrockneter durchwachsener Schweinespeck

parieren
Fleisch- oder Fischstücke zur Zubereitung herrichten

Piment d'Espelettes
langer, roter Pfeffer (Frankreich)

plattieren
ein Fleischstück mit dem Handballen breit drücken

poëlieren
Zubereitungsart – in Butter mit Wurzelwerk braten bzw. dünsten

Sabayon
Weinschaum

Schichtkäse
quarkähnlicher Frischkäse (geschmeidig, formfest)

tomatisieren
Tomatenmark beifügen und kurz durchrösten

Tonnarelli
lange, lose gelegte schwarze Bandnudeln, mit Tintenfischtinte gefärbt

vakuumieren
luftdicht verpacken

Velouté
weiße Grundsauce

violetter Senf
aus dem Perigord stammender Senf, hergestellt aus roten Trauben

Zampone
aus fettem und magerem Schweinefleisch hergestellte Wurst

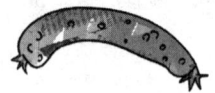

WICHTIGE ADRESSEN

Beratungsstelle
Levetzowstraße 12a
10555 Berlin
Tel. 030-390474-0
www.berliner-stadtmission.de

Berliner Stadtmission
Medizinische Notversorgung für Wohnungslose
Lehrterstraße 69
10557 Berlin
Tel. 030-39032293
www.berliner-stadtmission.de

Caritas
Ambulanz für Wohnungslose
(am Bahnhof Zoo)
Medizinische Versorgung von Wohnungslosen
Jebensstraße 3
10623 Berlin
Tel. 030-31808785
www.dicvberlin.caritas.de

MOB Gesundheit Berlin
Obdachlose machen mobil e.V.
Hauptstraße 147
10827 Berlin
Tel. 030-7847337

Gesundheit Berlin e.V.
Friedrichstraße 231
10969 Berlin
Tel. 030-443190-60
www.gesundheitberlin.de

Caritasverband Hamburg
Postfach 20099
Danziger Straße 66
20099 Hamburg
Tel. 040-2801400

Diakonisches Werk
Tagesaufenthaltsstätte
Bundesstraße 101
20144 Hamburg
Tel. 040-401782-11
Kirchenheide 3
22395 Hamburg
Tel. 040-60441171

Diakonie Freistatt
Wohnungslosenhilfe
27259 Freistatt
Tel. 05448-88332

Wichtige Adressen

Jakobushaus der Inneren Mission
Bremen mVO
Friedrich-Rauers-Straße 30
28195 Bremen
Tel. 0421-30704-14
www.inneremission-bremen.de

Gesundheitsamt Bremen
Horner Straße 60–70
28203 Bremen
Tel. 0421-3616189

Ambulante Hilfen Uelzen
Gudestraße 2
29525 Uelzen
Tel. 0581-30661, 0581-30662

Kontaktladen »Mecki«
Hagenstraße 36
30161 Hannover
Tel. 0511-99040-0/-16/-36

Landesvereinigung für Gesundheit Niedersachsen e.V.
Fenskeweg 2
30165 Hannover
Tel. 0511-3500052
www.gesundheit-nds.de

Caritasverband Hannover e.V.
Sozialdienst für Wohnungslose
Leibnizufer 13–15
30169 Hannover
Tel. 0511-12600-42
www.caritas-hannover.de

Krankenwohnung
»Die KuRVe«
Güntherstraße 7
30519 Hannover
Tel. 0511-8387320

BAG Wohnungslosenhilfe
Quellenhofweg 25
33617 Bielefeld
Tel. 0521-143-9614
www.bagw.de

Von Bodelschwingh'sche
Anstalten Bethel
Stiftungsbereich Integrationshilfe
Streetmed
Herbergsweg 10
33617 Bielefeld
Tel. 0521-1445420

Soziale Hilfe e.V.
Kölnische Straße 35
34117 Kassel
Tel. 0561-7073800

Wichtige Adressen

Die Heilsarmee
Sozial-Center Kassel
Eisenacher Straße 18
34123 Kassel
Tel. 0561-571031

Diakonische Heime Kästorf
Hauptstraße 51
38518 Gifhorn

Hr. H. Speckmann
Zu den Mushoren 3
38518 Gifhorn

»Horizont«
Medizinische Hilfe für
Wohnungslose
Neusser Straße 37
40213 Düsseldorf
Tel. 0211-30064317

**Akademie Öffentliches
Gesundheitswesen**
Kanzlerstraße 4
40472 Düsseldorf
Tel. 0211-31096-10
www.afoeg-nrw.de

**Medizinische Hilfe für
Wohnungslose e.V.**
Luegallee 41
40545 Düsseldorf
Tel. 0211-554525

Diakonisches Werk
Aufsuchende Gesundheitsfürsorge
Postfach 104165
44041 Dortmund
Tel. 0231-4894273

Gesundheitsamt Dortmund
Hövelstraße 8
44041 Dortmund
Tel. 0231-5022538

Diakonisches Werk
Medizinische Betreuung
Wohnsitzloser
Westring 28
44787 Bochum
Tel. 0234-964710

Gesundheitsamt Essen
Hindenburgstraße 29
45121 Essen
Tel. 0201-880

**Gesellschaft für Soziale
Dienstleistungen Essen GSE**
Grabenstraße 101
45141 Essen
Tel. 0201-8546-0
www.gse-essen.de

Wichtige Adressen

Arztmobil
Caubstraße 28
45881 Gelsenkirchen
Tel. 0209-86157

Zentrale Anlauf-, Beratungs- und Vermittlungsstelle ZABV
Beekstraße 45
47051 Duisburg
Tel. 0203-9313101
www.diakoniewerk-duisburg.de

Sozialamt Stadt Duisburg
Bismarckplatz 1
47198 Duisburg
Tel. 0203-2830

Hr. Dr. Backhaus
Windhorststraße 16
48125 Münster
Tel. 0251-46881

Bischof-Herrmann-Stiftung
Haus der Wohnungslosenhilfe
Bahnhofstraße 62
48125 Münster
Tel. 0251-484520

Gesundheit für Wohnungslose
Postfach 100424
50444 Köln
Tel. 0221-5104848

Gesundheitsamt Köln
Mobiler Medizinischer Dienst
Abt. 534,4
Neumarkt 15–21
50667 Köln
Tel. 0221-22124702

Ärzte helfen Obdachlosen e.V.
Wörthstraße 20
50668 Köln
c/o Marburger Bund NRW

Medizinische Ambulanz
Verein für Gefährdetenhilfe
Quantiusstraße 2
53115 Bonn
Tel. 0228-72591-20
www.vfg-bonn.de

Sprechstunde Villa St. Vincent
am Brüderkrankenhaus
Nordallee 1
54292 Trier
Tel. 0651-2082240

Armut und Gesundheit in Deutschland e.V.
Barbarossastraße 4
55118 Mainz
Tel. 06131-6279071
www.armut-gesundheit.de

Wichtige Adressen

Ambulante medizinische Versorgung wohnungsloser Menschen
»Mainzer Modell«
Medizinische Sprechstunden und Arztmobil
c/o Thaddäusheim
An der Goldgrube 13
55131 Mainz
Tel. 06131-1439733

Ökumenische Nichtsesshaftenhilfe St. Martin e.V.
Medizinische Versorgung in Kooperation mit »Mainzer Modell«
Mainzer Straße 105
55411 Bingen-Rhein
Tel. 06721-10885

Heimathof Homborn
Therapie und Nachsorge
Homborn 1
58339 Breckerfeld
Tel. 02338-8992-05

Gesundheitsamt Hamm
Sozialpsychiatrischer Dienst
Postfach 2449
59065 Hamm
Tel. 02381-176467

Wohnungsnotfallhilfe
Gustav-Heinemann-Straße 10
59065 Hamm
Tel. 02381-178060

Elisabeth-Straßenambulanz
Allerheiligenstraße 30
60313 Frankfurt-Main
Tel. 069-92870467

Lazarus-Wohnsitzlosenhilfe e.V.
Affentorplatz 2
60594 Frankfurt-Main
Tel. 069-61991590

Verein Demokratischer Ärztinnen und Ärzte
Kantstraße 10
62477 Maintal
Tel. 06181-432348
www.vdaeae.de

AG Sozialdienst Teestube
Gerberstraße 15
63065 Offenbach
Tel. 069-82977030

Franziskushaus Hanau
Matthias-Daßbach-Straße 2
63450 Hanau
Tel. 06181-3609-0

Wichtige Adressen

Gesundheitsamt
Sozialpsychiatrischer Dienst
Barbarossastraße 24
63571 Gelnhausen
Tel. 06051-2922-668

Teestube »Konkret«
Alicenstraße 29
64293 Darmstadt
Tel. 06151-151501
www.dw-darmstadt.de

Wohn- und Übernachtungsheim
Zweifalltorweg 14
64293 Darmstadt
Tel. 06151-926150

Diakonisches Werk
Rheinstraße 65
65185 Wiesbaden
Tel. 0611-360910

Anlaufstellen für medizinische Hilfen
Gesundheitsamt Bad Schwalbach
Heimbacherstraße 7
65307 Bad Schwalbach
Tel. 06124-510354

Caritasverband Wiesbaden-Rheingau
Winkeler Straße 92
65366 Geisenheim
Tel. 06722-960240

Fachberatungsstelle für Wohnungslose
Alte Kirche
Kirchstraße 29
66111 Saarbrücken

Evangelische Obdachlosenhilfe e.V.
Stafflenbergstraße 76
70184 Stuttgart
Tel. 0711-2159-724
vormals: Deutscher
Herbergsverein seit 1886

Ambulante Hilfen e.V.
Kreuznacherstraße 41a
70327 Stuttgart
Tel. 0711-561140

Christoph-Ulrich-Hahn-Haus
Himmelsleiter 64
70437 Stuttgart
Tel. 0711-8488030

Wichtige Adressen

KAG Wohnungslosenhilfe
Karlstraße 40
79104 Freiburg
Tel. 0761-200378

Benediktinerabtei St. Bonifaz
Hahneberghaus
Karlstraße 34
80333 München
Tel. 089-5517-310

Kath. Männerfürsorgeverein
Lindwurmstraße 75-RG
80337 München
Tel. 089-5141830

Münchner Straßenambulanz
Pilgersheimer Straße 9–11
81543 München
Tel. 089-6250240

Gesundheitsamt Nürnberg
Rathausplatz 2
90317 Nürnberg

Haus Großweidenmühlstraße
Großweidenmühlstraße
90419 Nürnberg
Haus für Frauen Nr. 33
Tel. 0911-2462, 0911-2315537
Haus für Männer Nr. 43
Tel. 0911-2462

Die Heilsarmee
Sozialwerk Nürnberg GmbH
Männer-Tagestreff
Leonardstraße 28
90443 Nürnberg
Tel. 0911-2873-1501

Straßenambulanz
»Franz v. Assisi«
Caritasverband Nürnberg e.V.
Hummelsteiner Weg 36
90459 Nürnberg
Tel. 0911-459578

**Zentrale Beratungsstelle
für Nichtsesshafte und
Straffällige**
Juliuspromenade 56
97070 Würzburg
Tel. 0931-12928

Gesundheitsamt Erfurt
Turniergasse 17
99084 Erfurt
Tel. 0361-6551738

REZEPTREGISTER

Vorspeisen

Bauern-Käseknödel, geschmelzte, auf Spargelvinaigrette und rohem Schinken 36

Blechkuchen, salziger, mit Spinat und Ringsalami 42

Blumenkohlravioli mit geräuchertem Heilbutt und Kerbelfond 39

Carpaccio, bergisches, vom Eisbein in Graupenvinaigrette 44

Ei, gebackenes, vom Landhuhn mit Rucola-Risotto 47

Feldsalat mit glacierter Kalbsleber und Himbeer-Vinaigrette 50

Gemüse-Omelett 56

Gnocchi in Salbei 59

Kartoffelterrine mit Steinbeißer 53

Kräuterquark, Spreewälder 80

Landei, in Olivenbrot gebacken, mit Artischockenbarigoule und Polenta 60

Maultaschen, Oberndorfer 66

Panzanella 72

Parmesan-Salbei-Gnocchi mit Strauchtomaten und Chorizo 69

Räucherforellen-Mousseline 74

Sardinen, marinierte, mit Gurkengelee, Salat und Borretsch 63

Tafelspitz mit Ahrtaler Kräutersauce 77

Tomatenmousse, weißes, in der Strauchtomate mit grünem Spargelsalat 82

Wan Tan mit Pfifferlingen und Ziegenkäse 85

Weißbrotsalat, toskanischer 72

Zunge, gepökelte, vom Landschwein 88

Suppen

Bohnenkressesuppe mit Lachsscheibe 94

Cappuccino von Blumenkohl, Curry und Kokos 97

Curry-Lauchsuppe mit Kokosmilch und Jakobsmuscheln 100

Gazpacho vom Reisessig mit warmer Lauchsabayon 102

Gemüsesuppe, scharfe 105

Kartoffel-Lauchsuppe, kalte, mit Liebstöckel und warm geräuchertem Saiblingsfilet 108

Kirschtomatenmelange 114

Rahm vom Bärlauch mit Lachs 116

Schaumsuppe von jungen Möhren mit frischem Koriander 118

Sellerieschaumsuppe mit Bratapfel, grünem Apfelsorbet und Kresse 111

Fisch

Eglifilets, mit Majoran soutierte, auf Gartenbuschbohnen-Eintopf 122

Fisch, mit Rosmarin gespickt, und Schwarzwurzelsalat mit würzigem Öl 144

Kabeljau auf Erbsenpüree mit Westfälischem Schinken und Sauce Bourride 125

Kabeljau, gegrillter, mit Kartoffel-Knoblauch-Püree 129

Lachsforellenfilet, poëliertes, mit Kartoffel-Lauchmousseline 135

Makrelenfilet, gebratenes, mit Kirschen und Pfifferlingen 138

Roulade von der Lachsforelle auf jungem Stielmusschaum 132

Strudel von Saibling und Renke 141

Fleischlos

Aubergine mit Thymian in Parmesan-Ei-Hülle gebraten, auf geschmorten Tomaten mit Basilikum 148

Bohnen mit Tomatenkernen 151

Grünkern-Risotto mit Waldpilzen und Blattpetersilie 154

Lasagne von Aubergine und Zucchini mit Basilikum-Ricottacreme 156

Nudeln in Kürbiskernpesto mit getrockneten Tomaten 162

Polenta-Törtchen auf griechischem Gemüse mit Pimento-Sauce 159

Ravioli Noci 164

Schwarzwurzeln, gebratene, mit Grapefruits und Ingwer 170

Spaghetti mit provenzalischem Gemüse und geriebenem Käse 167

Tonnarelli mit Shiitake und Gartengurken 172

Fleisch

Blutwurströsti mit roter Zwiebelmarmelade 176

Bohnen, saure, zum Stallhasen 178

Hamburger Labskaus 184

Kalbsbäckchen, geschmorte, mit Spitzkohl und Stampfkartoffeln 181

Kalbskopf, gebackener, mit sauren Steinpilzrädle 186

Kalbskutteln, saure, in Trollingersauce mit Brägele 192

Kalbsleberroulade, mit Kartoffel-Apfelpüree gefüllt, in Schalottensauce mit knusprigen Zwiebeln 189

Kaninchenfrikadelle auf Bohnensalat 194

Kaninchenleberwurst aus dem Bohnenkrautsud 197

Kartoffelblinis mit Rahmchampignons und Speck 200

Kaskrainer, in Ciabatta gebraten 203

Kürbisquiche mit Kräutern 208

Kutteln in Riesling 206

Lammrücken aus dem Rotweinfond auf Brunnenkresse-Risotto 211

Maishähnchen-Keule, mit exotischen Gewürzen geschmort, auf gebratenen Kräuterkartoffeln 214

Makkaroni-Auflauf, mediterraner, mit Champignons 217

Pfannkuchen mir Spitzkohl, Karotte und Bauchspeck 220

Poulardenbrustspieße mit Sesam und Anispflaumen auf Chicoréespitzen 222

Puten-Curry auf Couscous mit exotischem Gemüse 224

Rehcrépinette an glacierten Schalottenzwiebeln mit schwarzen Nüssen und zweierlei Wacholdersaucen 227

Saumagen-Soufflé mit Weinkraut, glaciertem Apfel und Backpflaumen 230

Schweinsroulade, gefüllte, im Schinkenmantel 233

Spaghetti Bolognese 236

Speckknödel mit Karotten-Sellerie-Gemüse 239

Wokgemüse mit Putenbrust 242

Desserts

Apfel, soufflierter, mit lauwarmem Apfelragout 256

Apfelschlupfer 246

Armer Ritter 248

Bratapfel, duftiger, nach Oma Luise 250

Clafoutis 252

Crème-Brûlée-Variationen 254

Dampfnudeln mit Vanillesauce 259

Drambuiecreme mit Himbeeren 262

Gewürzgrießnocken, karamellisierte, mit Zwetschgenröster 270

Gratin von Erdbeeren mit Erdbeereis 265

Himbeersoufflé 268

Mandel-Panna-Cotta mit Pfeffereis und Ragout von Zitrusfrüchten 273

Panna Cotta auf Erdbeeren 276

Pfirsich in der Folie mit Portweinsabayon und Himbeeren 278

Reisauflauf mit Apfelkompott 281

Schwarzbrot-Pudding, warmer, auf Carpaccio von Blutorangen 284

Zweierlei von Topfen und Rhabarber 287

Die Tipps unserer Ernährungsexperten

512 Seiten
ISBN 978-3-442-16944-3

304 Seiten
ISBN 978-3-442-16987-0

416 Seiten
ISBN 978-3-442-16877-4

352 Seiten
ISBN 978-3-442-16756-2

Überall, wo es Bücher gibt und **Mosaik bei GOLDMANN** unter www.mosaik-goldmann.de

Fernöstliche Ernährungsweisheiten

272 Seiten
ISBN 978-3-442-16849-1

160 Seiten
ISBN 978-3-442-16929-0

336 Seiten
ISBN 978-3-442-16639-8

208 Seiten
ISBN 978-3-442-16918-4

Überall, wo es Bücher gibt und **Mosaik bei GOLDMANN** unter www.mosaik-goldmann.de

Endlich schmerzfrei

224 Seiten
ISBN 978-3-442-16692-3

336 Seiten
ISBN 978-3-442-17038-8

208 Seiten
ISBN 978-3-442-16902-3

256 Seiten
ISBN 978-3-442-16913-9

Mosaik bei GOLDMANN

Überall, wo es Bücher gibt und unter www.mosaik-goldmann.de

Wellness für Körper & Seele

336 Seiten
ISBN 978-3-442-16164-5

208 Seiten
ISBN 978-3-442-16787-6

272 Seiten
ISBN 978-3-442-16434-9

272 Seiten
ISBN 978-3-442-16788-3

Überall, wo es Bücher gibt und **Mosaik bei GOLDMANN** unter www.mosaik-goldmann.de

Urlaub für die Seele

192 Seiten
ISBN 987-3-442-17021-0

384 Seiten
ISBN 978-3-442-16928-3

368 Seiten
ISBN 978-3-442-16789-0

224 Seiten
ISBN 978-3-442-16973-3

Überall, wo es Bücher gibt und **Mosaik bei GOLDMANN** unter www.mosaik-goldmann.de

Alles im Griff!

320 Seiten
ISBN 978-3-442-17058-6

384 Seiten
ISBN 978-3-442-16941-2

320 Seiten
ISBN 978-3-442-16690-9

272 Seiten
ISBN 978-3-442-16828-6

Überall, wo es Bücher gibt und unter www.mosaik-goldmann.de

Die ganze Welt des Taschenbuchs
unter
www.goldmann-verlag.de

Literatur deutschsprachiger und
internationaler Autoren,
**Unterhaltung, Kriminalromane, Thriller,
Historische Romane** und **Fantasy-Literatur**

Aktuelle **Sachbücher** und **Ratgeber**

Bücher zu **Politik, Gesellschaft,
Naturwissenschaft** und **Umwelt**

Alles aus den Bereichen **Body, Mind + Spirit**
und **Psychologie**

Überall, wo es Bücher gibt und   unter www.goldmann-verlag.de

Goldmann Verlag • Neumarkter Straße 28 • 81673 München